Wolfgang Reumuth, Jahrgang 1942, hat Latein, Französisch, Italienisch und Spanisch am Gymnasium unterrichtet. Außerdem war er einige Jahre Lehrbeauftragter für Italienisch an der Universität Heidelberg und Dozent an der Volkshochschule Mannheim. Er ist Autor mehrerer Grammatiken zu verschiedenen romanischen Sprachen, die er in Zusammenarbeit mit Prof. Dr. Otto Winkelmann verfasst hat. Außerdem hat er Übungsbücher zu diesen Grammatiken veröffentlicht. Alle Werke sind im gottfried egert verlag erschienen.

*Sammelsurium für Sprachenfreaks* ist eine in mehreren Jahren entstandene bunte Sammlung von sprachwissenschaftlichen Fakten, Übersetzungsproblemen, Wiedergabe von Sprichwörtern und Redensarten, Wortgeschichten, Kuriosa und lustigen Episoden. Kurz: Sie enthält Lehrreiches und Unterhaltsames. Dabei stehen die großen romanischen Sprachen im Mittelpunkt, aber auch andere Sprachen, besonders Englisch, finden Berücksichtigung.

Für die sorgfältige Durchsicht und manche Anregungen danke ich Herrn Prof. Dr. Otto Winkelmann.

Sammelsurium:

Eine scherzhafte Bildung mit lateinischer Endung zur Bezeichnung von Dingen, die sich mehr oder weniger zufällig beieinander finden und von unterschiedlicher Art und Qualität sind. Das niederdeutsche Wort *sammelsur* bezeichnete ein sauer angemachtes Gericht aus gesammelten Speiseresten.

Wolfgang Reumuth

# Sammelsurium für Sprachenfreaks

## Abkürzungen und Symbole

| | |
|---|---|
| alg. | alguém/alguien (dt. jemand) |
| abgel. | abgeleitet |
| AE | amerikanisches Englisch |
| agr. | altgriechisch |
| ar. | arabisch |
| BE | britisches Englisch |
| BP | brasilianisches Portugiesisch |
| dial. | dialektal |
| engl. | englisch |
| EP | europäisches Portugiesisch |
| frz. | französisch |
| germ. | germanisch |
| gr. | griechisch |
| hebr. | hebräisch |
| it. | italienisch |
| jidd. | jiddisch |
| kat. | katalanisch |
| lat. | lateinisch |
| niederl. | niederländisch |
| qc | qualcosa (dt. etwas) |
| qn | quelqu'un (dt. jemand) |
| qu | qualcuno (dt. jemand) |
| rät. | rätoromanisch |
| russ. | russisch |
| sp. | spanisch |
| spätlat. | spätlateinisch |
| türk. | türkisch |
| u.c. | uma coisa/una cosa (dt. etwas) |
| unkl. | unklassisch |
| vlat. | vulgärlateinisch |
| vorröm. | vorrömisch |

> wurde zu

* steht vor lateinischen Wörtern, die nicht belegt sind

© 2016 Wolfgang Reumuth
Umschlag Thomas Reumuth
Lektorat Prof. Dr. Otto Winkelmann

Verlag: tredition GmbH, Hamburg

ISBN        978-3-7345-7075-9

Printed in Germany

1.	Im Spanischen und im Portugiesischen arbeitet man für den Bischof (*trabajar para el obispo/ trabalhar para o bispo*), wenn man für die Katz/ umsonst arbeitet. Im Französischen arbeitet man für den Preußenkönig (*travailler pour le roi de Prusse*). Herkunft des Ausdrucks: Die ersten Preußenkönige waren nicht großzügig. Friedrich II. zahlte seinen Soldaten immer nur den Sold für 30 Tage, auch wenn der Monat 31 Tage hatte.

2.	Das französische Wort für *Mülleimer, poubelle,* verdankt seine Herkunft Eugène René Poubelle, dem Präfekten der Seine, der mit einer Verordnung vom 15. Januar 1884 die Einwohner von Paris verpflichtete, ihren Müll in eigens dafür vorgesehene Behälter zu werfen, und nicht mehr einfach auf die Straße.

3.	Der englische Ausdruck *He sailed through all his exams* (wörtl. Er segelte durch all seine Prüfungen) bedeutet, dass er all seine Prüfungen mit Leichtigkeit/ spielend geschafft hat. Dagegen heißt *Er segelte durch all seine Prüfungen*: *He flopped in/ He flunked/ failed all his exams.*

4.	Im Singular bedeutet das spanische Substantiv *esposa* 'Gattin', im Plural (*esposas*) 'Gattinnen' und 'Handschellen'.

5.	Mit dem Ausdruck *tomara que caia* (Hoffentlich fällt es) bezeichnet man in Brasilien ein trägerloses Kleid.

6.	Im alten Rom wurde im Tempel der Göttin *Iuno Moneta* (Juno, die Mahnerin) das Geld geprägt. Von *moneta* sind it. *moneta,* sp. *moneda,* port. *moeda,* engl. *money,* frz. *monnaie* sowie dt. Münze abgeleitet.

7.  Im Spanischen ist ein *Ministrant* ein Mönchlein (*monaguillo*), im Italienischen ein kleiner Kleriker (*chierichetto*), im Französischen ein Chorkind (*enfant de chœur*), im Portugiesischen und Katalanischen ein Begleiter (*acólito/ acólit*, Kirchenlatein *acolythus*).

8.  Im gesprochenen Latein erhielten die mit *s* + Konsonant beginnenden Wörter ein kurz gesprochenes *i* vorgeschaltet, das zu *e* wurde und sich im Spanischen, Katalanischen, Portugiesischen und Französischen erhalten hat: lat. *schola(m)* (Schule, gesprochen: *iscola*) > sp. *escuela*, port./ kat. *escola*, frz. *école*; lat. *sperare* (hoffen) > frz. *espérer*, sp./ kat./ port. *esperar*; lat. *scribere* (schreiben) > port. *escrever*, sp. *escribir*, kat. *escriure*, frz. *écrire*. Dagegen: it. *scuola*, rum. *şcoală*; it. *sperare*, rum. *a spera*, it. *scrivere*, rum. *a scrie*.

9.  Wenn ein Italiener *den Portugiesen macht* (*fare il portoghese*), dann schmuggelt er sich ohne Eintrittskarte bei einer Veranstaltung ein oder fährt ohne Fahrkarte. Der Ausdruck stammt aus dem 18. Jahrhundert. Die portugiesische Botschaft in Rom hatte zu einer Aufführung im Theater Argentina eingeladen, zu der keine Einladungskarten verteilt worden waren. Zum Eintritt reichte die Erklärung, man sei Portugiese.

10. Im Spanischen bezeichnet man umgangssprachlich den *Babysitter* als *canguro* (Känguru). *Babysitten* heißt *hacer de canguro*.

11. *Trinken wir einen Absacker!* heißt auf Englisch: *Let's have one for the road!*, auf Italienisch: *Beviamo il bicchiere della staffa!* (das Glas des Steigbügels), auf Französisch: *Buvons le coup de l'étrier!* (der Schluck des Steigbügels) auf Spa-

nisch: ¡*Tomemos la espuela!* (der Sporn). Herkunft: *Il bicchiere della staffa* wurde das letzte Glas genannt, das man vor dem Losreiten trank, wenn der aufs Pferd Steigende fast schon einen Fuß im Steigbügel hatte.

12. Das *Plumpsklo* bezeichnet man im Italienischen als *gabinetto a caduta libera* (Klo mit freiem Fall), das *Stehklo* als *gabinetto alla turca* (Klosett nach türkischer Art).

13. Eine Unternehmung fällt im Portugiesischen auf den Boden (*cair por terra*), im Italienischen geht sie in Rauch auf (*andare in fumo*), wenn sie ins Wasser fällt. Dorthin fällt sie auch im Französischen (*tomber à l'eau*).

14. Einen *Kriminalroman* nennt man auf Italienisch *un giallo* (einen Gelben). Herkunft: Er hat seinen Namen von dem gelben Umschlag der ersten vom italienischen Verleger Mondadori herausgegebenen Krimi-Reihe. Daher wurde die sehr erfolgreiche US-amerikanische Fernseh-Krimiserie *Murder, She Wrote* (dt. Mord war ihr Hobby) in Italien unter dem Titel *La signora in giallo* ausgestrahlt.

15. Englischen *preservatives* entsprechen deutsche Konservierungsstoffe, den deutschen Präservativen entsprechen im Englischen *contraceptives* oder *condoms*.

16. Weiß jemand in Italien sich nicht zu benehmen, sagt man, er kenne den *galateo* (Anstandsbuch/ Knigge) nicht. *Galateus* ist die latinisierte Form von *Galeazzo* Florimonte, dem Giovanni Della Casa (1503-1556) sein Hauptwerk mit dem Titel *Galateo, ovvero de' costumi* (oder über die Sitten) gewidmet hat. *Galateo* ist ein Dativ und bedeutet 'für Galeazzo'. Das Werk ist 1558 postum erschienen.

17. Der Deutsche hat einen *Frosch im Hals*, der Franzose eine Katze (*avoir un chat dans la gorge*).

18. Ein *Flugkopfballtor* wird im Italienischen *a volo d'angelo* (im Engelsflug) erzielt.

19. It. *casino* (mit Betonung auf der vorletzten Silbe) bedeutet 'Puff'; das *Kasino* (Kurhaus/ Spielkasino) heißt *casinò* (mit Endbetonung).

20. Die ursprüngliche Bedeutung von frz. *foie*, it. *fegato*, sp. *hígado*, port. *fígado*, rum. *ficát* (Leber) ist 'mit Feigen gestopft'. *Iecur ficatum* (gr. ἧπαρ συκωτόν), die mit Feigen gefüllte Leber, war eine Lieblingsspeise der Griechen und Römer. Bald wurde das Substantiv weggelassen und nur noch das zweite Element des Ausdrucks gebraucht (Ellipse). Die lautliche Entwicklung erklärt sich dadurch, dass im Vulgärlatein die Betonung auf der ersten Silbe lag (*ficatu(m)*). Nur das Rumänische hat die ursprüngliche Betonung beibehalten.

21. Jemand, der oft Sachen fallen lässt, die er trägt oder zu fangen versucht, wird im Englischen als *butterfingers* (Tollpatsch/ Schussel) bezeichnet. Im Französischen, Italienischen und Portugiesischen gibt es den Ausdruck: *avoir des mains de beurre/ avere le mani di burro/ ter as mãos de manteiga* (Hände aus Butter haben).

22. It. *fiasco* ist eine mit Stroh umflochtene Flasche für Chianti. Für die Bedeutung Fehlschlag/ Reinfall gibt es folgende Erklärungen: 1. Wenn Glasbläser bei ihrer Arbeit statt eines formschönen Gebildes eine Blase, die einem *fiasco* ähnelte, produzierten, war das ein Misserfolg. 2. Der Harlekin Domenico Biancolelli aus Bologna improvisierte mit einem *fiasco* in der Hand einen Monolog. Das Publikum aber lachte nicht, worauf Domenico zu der Flasche sagte: *È colpa tua,*

*se questa sera sono una bestia* (Du bist schuld, wenn ich heute Abend ein Esel bin) und warf die Flasche hinter sich. Seitdem sagte man, wenn einem Schauspieler ein solches Missgeschick passierte: *È il fiasco d'Arlecchino.* Ausdruck: *fare fiasco* ein Fiasko erleben/ Schiffbruch erleiden, frz. *faire fiasco,* sp. *llevarse un fiasco,* engl. *sth was a fiasco* (etw. war ein Fiasko).

23. *Hatschi/ Hatzi!* niest man auf Deutsch; auf Französisch *atchoum!,* auf Italienisch *ecci/ ecciù!,* auf Spanisch *¡achís!,* auf Portugiesisch *atchim!,* auf Englisch *atishoo/ achoo!* Als Antwort sagt man: frz. *À tes/ vos souhaits!* (Auf deine/ Ihre Wünsche!). Niest jemand zweimal hintereinander, sagt man umgangssprachlich: *À tes amours!* (Auf deine Amouren!), worauf der Niesende antworten kann: *Que les tiennes durent toujours!* (Mögen deine immer halten!); it. *Salute!,* port, *Saúde!* (in Portugal auch *Santinho!*); sp. *¡Jesús!,* engl. *(God) bless you!* (Gott segne dich!). Im AE wird *Gesundheit!* von Leuten gebraucht, die den religiösen Bezug vermeiden wollen. Es gibt drei Erklärungen, weshalb man dem Niesenden "Gesundheit" zuruft: 1. Es könnte sein, dass der Niesende von einer Krankheit/ der Pest befallen ist; 2. dass seine Seele aus dem Körper fährt, 3. dass beim Niesen sein Herz zu schlagen aufhört.

*Niesen* heißt: port. *espirrar* (lat. *exspirare* aushauchen), sp. *estornudar,* kat. *esternudar,* frz. *éternuer,* it. *starnutire,* rum. *a strănuta* (lat. *sternutare* wieder und wieder niesen, Frequentativum zu *sternuere*); engl. *to sneeze.*

24. Wenn ein Franzose gezwungen lacht, so lacht er gelb (*rire jaune*), der Italiener grün (*ridere verde*). Die Farbe Gelb bezieht sich auf die Gesichtsfarbe von Leberkranken, die aufgrund ihres Leidens nur angestrengt lachen konnten. Grün ist die Farbe der Gallenflüssigkeit. Man glaubte, dass diese im Zorn zunehme.

25. Die *Vagina* ist im Französischen männlich (*le vagin*), und der *Penis* ist im Argot weiblich (*la bite*). Frz. *le sexe* kann sowohl das männliche als auch das weibliche Geschlechtsteil bezeichnen.

26. Der italienische und der spanische *Traummann/ Märchenprinz* haben die Farbe Blau (*il principe azzurro/ el príncipe azul*). Verzaubert sind der französische und der portugiesische (*le prince enchanté/ o príncipe encantado*).

27. Im Französischen sagt man *filer un mauvais coton* (eine schlechte Baumwolle spinnen), wenn jemand physisch nicht auf der Höhe ist/ schlecht dran ist. Ursprünglich wurde der Ausdruck auf Spinnmaschinen angewandt, die in keinem guten Zustand waren und deshalb schlechte Baumwolle sponnen.

28. Die Bezeichnungen für *heute*: it. *oggi*, port. *hoje*, sp. *hoy* gehen alle auf lat. *hodie* (*hoc die* an diesem Tag) zurück; rum. *ástăzi* liegt *ista die* zugrunde. Frz. *aujourd'hui* heißt wörtlich übersetzt: am Tag von heute (*hui = hodie*). Dt. *heute* kommt von *hiu tagu* (an diesem Tag).

29. Der deutsche Klempner setzt ein *Knie* ein; seine romanischen Kollegen wie auch sein englischer Kollege setzen einen 'Ellbogen' ein: it. *un gomito*, sp. *un codo*, frz. *un coude*, port. *um cotovelo*, engl. *an elbow*.

30. Frz. *la grève* (der Streik) geht auf ein aus dem Keltischen stammendes vlat. *\*grava* zurück, das 'Kies/ Kiesplatz' bedeutete. In Paris ist *la place de Grève* ein Platz an dem Seine-Ufer, vor dem *Hôtel-de-Ville*, auf dem sich die Arbeitslosen und Streikenden versammelten. Der Ausdruck *être en grève* (streiken) bedeutet eigentlich auf dem Grève-Platz sein. Auch auf Portugiesisch heißt der Streik *greve*.

31. Im Deutschen *verderben zu viele Köche den Brei*, in Italien verderben sie die Suppe oder die Soße, in Frankreich die Soße, in England die Brühe (*Troppi cuochi rovinano la minestra/ guastano la salsa/ Trop de cuisiniers gâtent la sauce/ Too many cooks spoil the broth*). Auf Spanisch sagt man *Muchas manos en la olla echan el guiso a perder* (Viele Hände im Topf verderben das Gericht). Ganz anders lautet das Sprichwort auf Griechisch: Wo viele Hähne krähen, braucht es lange, bis es Tag wird (Όπου λαλούν πολλοί κοκόροι, αργεί να ξημερώσει).

32. Ein *Zungenbrecher* ist im BE und im Französischen ein Zungenverdreher (*tongue twister/ virelangue*), im AE ein Kieferbrecher (*jawbreaker*), im Italienischen ein Zungenlöser (*scioglilingua*), im Spanischen und im Portugiesischen ein Zungenhemmer (*trabalenguas/ trava-línguas*.

Ein tschechischer Zungenbrecher (*lámač jazyka* Zungenbrecher, wie im Dt.), der ohne einen Vokal auskommt, lautet: *Strč prst skrz krk!* Übersetzung: Steck den Finger in den Hals!

33. Das *Rubbellos* wird im Italienischen mit den beiden Imperativformen *gratta e vinci* (kratz und gewinn), im Spanischen mit *rasca-rasca* (kratz-kratz) wiedergegeben. Im BP gebraucht man zwei Vergangenheitsformen anstelle eines Imperativs: *Raspou, ganhou* (wörtl.: Du hast gekratzt, du hast gewonnen). Im EP heißt es *raspadinha* und auf Englisch *scratch card* (Kratzkarte).

34. Jemand, der stinkt, besonders, wenn er Käsefüße hat, wird in Italien *gorgonzola*, daher auch *piedi di gorgonzola* 'Käsefüße', in Frankreich *camembert* genannt.

35. Die an ein Kind gerichtete Frage: Was willst du (später) einmal werden? lautet auf Englisch: *What would you like to be*

*when you grow up?*, auf Französisch: *Qu'est-ce que tu veux faire quand tu seras plus grand/e?*, auf Italienisch: *Che cosa vuoi fare da grande?*, auf Spanisch: *¿Qué quieres ser de mayor?*, im EP: *O que queres ser quando cresceres?*, im BP: *O que você quer ser quando cescer?*

36. Wenn ein Franzose glaubt, er sei dem Oberschenkel Jupiters entsprungen (*se croire sorti de la cuisse de Jupiter*), dann hält er sich für etwas Besseres.

37. Springt ein Brasilianer über den Zaun (*pular a cerca*), dann geht er fremd.

38. Wenn ein Italiener/ ein Franzose den/ seinen Sack leert (*vuotare il sacco/ vider son sac*), dann 'packt er aus'.

39. Engl. *to escape*, sp./ port. *escapar*, frz. *échapper*, it. *scappare* (entkommen) kommen von vlat. *\*excappare*, das von *cappa* (Mantel/ Umhang) abgeleitet ist. Die ursprüngliche Bedeutung ist: Die *cappa* auszuziehen, um schnell fliehen zu können.

40. Im Spanischen gibt es für *Fisch* drei Bezeichnungen: *pescado* (gastron.), *pez* (zool.), *piscis* (astrol): Ich esse gerne Fisch. *Me gusta el pescado.* Seezunge ist ein Fisch. *El lenguado es un pez.* Ich bin (ein) Fisch. *Soy (un) piscis.*

41. Hebt ein Spanier, ein Italiener oder ein Franzose den Ellbogen, dann hebt er (gern) einen: sp. *empinar el codo*, it. *alzare il gomito*, frz. *lever le coude*.

42. Im Deutschen *heiligt* der Zweck die Mittel; im Englischen, Italienischen, Spanischen und Französischen *rechtfertigt* er sie: engl. *The end justifies the means*; it. *Il fine giustifica i mezzi*; sp. *El fin justifica los medios*; frz. *La fin justifie les*

*moyens.* Im Portugiesischen rechtfertigen die Zwecke die Mittel: *Os fins justificam os meios.*

43. *Nicht schlecht, Herr Specht!* wird im Französischen durch *Pas mal, Pascal!* wiedergegeben.

44. In Deutschland kennt man seine *Pappenheimer* und in Italien kennt man seine Hühner: *Conosco i miei polli.* Im Französischen, Spanischen und Portugiesischen kennt man seine Leute: *Je connais mon monde/ Conozco a mi gente/ Conheço a minha gente.*

45. Der französische Ausdruck *Les Anglais sont arrivés/ ont débarqué* (Die Engländer sind angekommen/ gelandet) bedeutet 'seine Regel haben'. Herkunft des Ausdrucks: Rot war die Farbe der englischen Uniform.

46. Will man im Italienischen ausdrücken, dass man nicht zwei Dinge haben kann, die sich gegenseitig ausschließen (Man kann nicht auf zwei Hochzeiten tanzen), so sagt man: *Non si può avere la botte piena e la moglie ubriaca.* (Man kann kein volles Fass und eine betrunkene Ehefrau haben). Die französische Entsprechung lautet: *On ne peut être à la fois au four et au moulin* (Man kann nicht zugleich am Backofen und in der Mühle sein). Auf Spanisch sagt man: *No se puede repicar y estar en misa/ en la procesión* (Man kann nicht festlich läuten und in der Messe/ bei der Prozession sein); auf Englisch: *You can't have your cake and eat it* (Man kann nicht seinen Kuchen haben und ihn essen); auf Griechisch: Zwei Wassermelonen passen nicht unter eine Achsel *(Δύο καρπούζια κάτω από μια μασχάλη δε χωράνε).*

47. Wer im Deutschen *wie ein Schlosshund heult*, weint im Italienischen wie eine abgeschnittene Rebe oder wie ein Kalb: *piangere come una vite tagliata/ un vitello.* Im Französischen sagt man *pleurer comme un veau* (Kalb) oder *comme une Madeleine;* sp. *llorar como una magdalena.* Auf Portugiesisch sagt man *chorar como uma Madalena/ um*

*bezerro* (Bullenkalb) oder *vitelo desmamado* (wie ein ent-
wöhntes Kalb); auf Englisch *to cry buckets* (Eimer weinen).

48.    Im Deutschen sagt man: *Eine Krähe hackt der anderen kein
Auge aus.* Fast ebenso im Lateinischen: *Cornix cornici
numquam oculos effodit* (Eine Krähe hackt einer Krähe
niemals die Augen aus). Im Englischen sind es Habichte:
*Hawks will not pick out hawks' eyes.* Im Italienischen: *Lupo
non mangia lupo* (Ein Wolf frisst keinen Wolf). Die portugiesische Entsprechung lautet: *Ladrão não rouba ladrão* (Ein
Dieb bestiehlt keinen Dieb).

49.    Der Nachspeise *tiramisù* liegt eine Imperativform zugrunde:
Zieh mich hoch! Die glaubhafteste Erklärung für den Ursprung des Namens ist folgende: Anlässlich des Besuchs
von Cosimo III. de' Medici, dem Großherzog der Toskana,
in Siena beschloss die Zunft der Konditoren, zu dessen Eh-
re eine neue Süßspeise zu kreieren, die zuerst den Namen
*zuppa del duca* (Süßspeise des Herzogs) trug. Da diese
Speise dem Herzog vorzüglich mundete, brachte er das
Rezept mit an den Hof von Florenz, von wo es sich schnell
in der Lombardei und im Veneto verbreitete. Der Name *tiramisù* geht auf die venezianischen Höflinge zurück, unter
denen sich das Gerücht verbreitete, dass das *tiramisù* aph-
rodisische Eigenschaften habe.

50.    Ist ein Franzose in die Äpfel gefallen (*tomber dans les
pommes*), so ist er aus den Latschen gekippt. Herkunft der
Redewendung: *paumez*, eine alte Form von *pasmé/ pâmé*
(ohnmächtig), das mit *spasme* (Krampf) zusammenhängt.

51.    In frz. *expliquer*, sp./ port. *esplicar*, rum. *a explica*, it. *spiegare* (erklären) steckt lat. *plica* (Falte), it. *piega*, frz. *pli*, sp.
*pliegue*, port. *prega*, rum. *pliu*. Die Grundbedeutung ist also
'auseinanderfalten'. Diese Bedeutung hat das italienische
Verb bewahrt: *spiegare una tovaglia* (eine Tischdecke auseinanderfalten). It. *semplice*, frz./ sp. *simple*, port. *simples*,

rum. *simplu* (lat. *semplice(m)*, simpel/ einfach) bedeuten eigentlich 'einmal gefaltet'. Das erste Element geht auf lat. *semel* (einmal) zurück. Ein *Simpel* ist ein einfältiger Mensch. *Complicato* (kompliziert) bedeutet ursprünglich 'zusammengefaltet'.

52. Mit dem bildhaften Ausdruck *nid-de-poule* (Hühnernest) bezeichnet man im Französischen ein Schlagloch.

53. Um auszudrücken, dass jeder ersetzbar ist, sagt man auf Italienisch: *Morto un papa se ne fa un altro.* (Wenn ein Papst gestorben ist, macht man einen anderen).

54. Mit dem Namen der römischen Göttin Minerva bezeichnet man im Italienischen sowohl die flachen Sicherheitsstreichhölzer als auch das Stützkorsett, das man nach einem Schleudertrauma (*colpo di frusta* Peitschenschlag) tragen muss.

55. Im Italienischen zahlt man auf römische Art, wenn jeder seine eigene Zeche bezahlt (*pagare alla romana*). Getrennte Kasse machen heißt auf Englisch *to go Dutch* (holländisch gehen).

56. Erscheint auf dem Vokal eines französischen Wortes ein *accent circonflexe*, so kann das drei Gründe haben: 1. Es ist ein *s* ausgefallen, wie z.B. in *fenêtre* Fenster (lat. *fenestra*); 2. Es ist eine Silbe ausgefallen, wie z.B. in *âme* Seele (lat. *anima*) oder 3. Der Akzent kennzeichnet einen langen Vokal, wie z.B. in *théâtre*.

57. Eine *Geschichte mit Happy-End* heißt auf Englisch *a story with a happy ending*.

58. Fehlt einem Italiener ein Donnerstag oder Freitag (*Gli manca un giovedì/ venerdì*), hat er nicht alle Tassen im Schrank.

59. Die *Klofrau* heißt auf Französisch *la dame-pipi*.

60. Der Ausdruck *Das sind böhmische Dörfer für mich* wird folgendermaßen wiedergegeben: engl. *It's all Greek to me*, port. *Isso é grego* (Griechisch) *para mim*, frz. *C'est de l'hébreu* (Hebräisch) *pour moi*, it. *Questo è turco* (Türkisch) *per me*, sp. *Esto es chino* (Chinesisch) *para mí*.

61. Die Übersetzung von *Wann hast du Geburtstag?* lautet: sp. *¿Cuándo es tu cumpleaños?* it. *Quando/ Quand'è che compi gli anni?/ Quando è il tuo compleanno?* frz. *C'est quand, ton anniversaire?* EP *Quando (é que) fazes anos?/ Quando é o teu aniversário?* BP *Quando é o seu aniversário?*

62. Dem deutschen *Ausdruck (Nun) mach (mal) halblang!* entspricht der frz. Ausdruck *Arrête ton char/ charre (, Ben Hur)!* (Halt deinen Wagen an, Ben Hur!).

63. *Picobello* (tadellos in Ordnung) ist kein italienischer Ausdruck. Es ist italianisiert aus niederdeutsch *pük* (erlesen/ ausgesucht) und it. *bello*). Im Italienischen drückt man das mit *impeccabile/ perfetto* aus.

64. Frz. *voler* mit der Bedeutung 'stehlen' ist ein Ausdruck der Falkner: im Flug eine Beute schlagen.

65. Die lateinischen Konsonantenverbindungen *cl* und *pl* werden im Spanischen meist zu *ll* und im Portugiesischen zu *ch*: lat. *clamare* > sp. *llamar*, port. *chamar* (rufen), *clave(m)* > sp. *llave*, port. *chave* (Schlüssel); lat. *pluvia* > sp. *lluvia*, port. *chuva* (Regen), vlat. *plovere* > sp. *llover*, port. *chover* (regnen), lat. *plenu(m)* > sp. *lleno*, port. *cheio* (voll), lat. *plorare* > sp. *llorar*, port. *chorar* (weinen). Im Katalanischen und im Französischen bleiben diese Verbindungen erhalten: *clamar* (schreien)/ *clamer* (hinausschreien), *clau/ clé*, *pluja/ pluie*, *ploure/ pleuvoir*, *ple/ plein*, *plorar/ pleurer*.

66. *Dünnpfiiff haben* heißt auf Italienisch *avere la cacarella*, auf Spanisch *tener las cagaleras/ caguetas*, auf Portugiesisch *ter caganeira*, auf Französisch *avoir la courante* (von *courir* rennen), auf Englisch *to have the runs*.

67. Mit it. *topo* (Maus) gibt es folgende Zusammensetzungen: *topo di biblioteca* (Bücherwurm), *topo d'albergo* (Hoteldieb), *topo d'auto* (Autodieb), *topo d'appartamento* (Wohnungs-einbrecher). Weitere Diebe: *borsaiolo/ borseggiatore* (Taschendieb), *taccheggiatore* (Ladendieb), *scippatore* (Handtaschenräuber).

68. Der Ausdruck *Heidengeld* wird in den romanischen Sprachen durch Auge(n) des Kopfes/ Gesichts wiedergegeben. Das kostet mich ein Heidengeld: frz. *Ça me coûte les yeux de la tête*; it. *Questo mi costa un occhio della testa*; sp. *Esto me cuesta un ojo de la cara*; port. *Isto custa-me os olhos da cara*.

69. Während im Mittelalter Tausende von arabischen Wörtern (meistens Substantive) in den spanischen Wortschatz Eingang gefunden haben, werden heute relativ wenige davon noch gebraucht: Es sind Wörter, die meistens mit *al-* (dem arabischen Artikel) beginnen: *alfombra* (Teppich), *almohada* (Kopfkissen), *almacén* (Lagerhaus/ Magazin) *alcalde* (Bürgermeister), *algodón* Baumwolle, *albañil* (Maurer), *alguacil* (Amtsdiener), *aldea* (Dorf), *alcohol*. Zuweilen passt sich der Artikel an den folgenden Konsonanten an: *azúcar* (Zucker), *azafrán* (Safran), *aceite* (Öl); *aduana* (Zoll); ohne Artikel: *tarifa* (Tarif), *járabe* (Sirup), *cifra* (Ziffer). Aber z.B. *almuerzo* (Mittagessen) und *almendra* (Mandel) gehen auf vlat. *\*admordium* (das Anbeißen) bzw. lat. *amygdala* zurück.

70. Für die Wiedergabe des Ausdrucks *heiraten müssen* (weil die Frau schwanger ist) bedient sich das Spanische eines Ausdrucks aus dem Eishockey: *casarse de penalti/ penalty*. Auf Englisch sagt man: *to have a shotgun wedding* (Schrot-

flinte-Hochzeit), auf Italienisch: *fare un matrimonio riparatore* (eine wieder gutmachende Heirat).

71. Franzosen lachen unter dem Umhang, Italiener unter dem Schnurrbart, Engländer den Ärmel hoch, Amerikaner in den Ärmel, wenn sie *sich ins Fäustchen lachen* (frz. *rire sous cape*, it. *ridere sotto i baffi*, BE *to laugh up one's sleeve*, AE *to laugh in one's sleeve*). Im Spanischen sagt man *reírse para sus adentros* (innerlich lachen) oder *reírse por lo bajo* (verstohlen/ unauffällig lachen).

72. Der italienische Ausdruck *essere al verde* (am Grün sein) bedeutet 'blank/abgebrannt sein'. Herkunft des Ausdrucks: Früher war der untere Teil der Kerzen grün gefärbt. Wenn eine Kerze bis zu diesem Punkt abgebrannt war, war sie am Grün.

73. *Eine Pinkelpause machen* heißt auf Französisch *faire un arrêt-pipi*.

74. *Ins Fettnäpfchen treten* wird im Französischen durch *mettre les pieds dans le plat* (in den Teller treten) wiedergegeben.

75. Italiener, Spanier, Portugiesen und Franzosen beißen in den Staub, wenn sie *ins Gras beißen* (*mordere la polvere/ morder el polvo/ morder o pól mordre la poussière*).

76. *Konfetti* (Papierblättchen) heißen auf Italienisch *coriandoli; confetti* dagegen sind mit Zucker überzogene Mandeln, Nüsse oder Pistazien, die anlässlich einer Taufe, Hochzeit oder Kommunion verteilt werden.

77. Die Übersetzungen von *Wenn das Wörtchen "wenn" nicht wär', wär' mein Vater Millionär* lauten: it. *Se mia nonna avesse le ruote, sarebbe una carriola* (Wenn meine Oma Räder hätte, wäre sie eine Schubkarre); engl. *If wishes were horses, beggars would ride* (Wenn Wünsche Pferde wä-

ren, würden Bettler reiten); frz. *Avec des si, on mettrait Paris dans une bouteille* (Mit "wenns" würde man Paris in eine Flasche stecken), eine umgangssprachliche Variante ist: *Si ma tante en avait on l'appellerait mon oncle* (Wenn meine Tante welche hätte, wäre sie mein Onkel; *en = des couilles,* Eier); port. *Se os ses fôssem feijões, ninguém morria de fome* (Wenn die "wenns" Bohnen wären, würde niemand verhungern); sp. *Si no fuera por el "sí" y por el "pero", ¿Quién no tendria dinero?* (Wenn es nicht wegen des "wenn" und des "aber" wäre, wer hätte kein Geld?).

78. Das Wort *Charakter* (agr. *χαρακτήρ*) bedeutet: das Eingegrabene/ Eingeprägte (*χαράττω* einkratzen/ eingraben), das, was in einen Menschen eingeprägt ist. Eine ähnliche Vorstellung liegt bei lat *ingenium* (Naturanlage/natürliche Begabung/ Talent/ Sinnesart) vor. In diesem Wort steckt die Silbe *-gen-*, die von dem Verb *gignere (genui, genitum* zeugen) kommt. *Ingenium* ist also das, was in einen Menschen hineingezeugt ist.

79. *Die Ampel stand auf Gelb* heißt: it. *Il semaforo era giallo*, sp. *El semáforo estaba en ámbar* (ar. Ursprung; Bernstein); engl. *The lights were (at) amber*, frz. *Le feu était à l'orange*; port. *O semáforo estava no amarelo. Bei Rot durchfahren* heißt: it. *passare col rosso*, sp. *saltar un semáforo en rojo*, frz. *passer au rouge/ brûler un feu rouge*, port. *não respeitar/ passar o sinal vermelho*, BP *avançar sinal vermelho*, engl. *to go through a red light/ to jump the (traffic) lights*. BP *O sinal estava aberto* (offen)/ *fechado* (geschlossen) bedeutet: Die Ampel stand auf Grün/ Rot.

80. Der Ausdruck *Dieses Auto kostet die Kleinigkeit von 200.000 Euro* wird im Italienischen durch *Questa macchina costa la bellezza* (die Schönheit) *di duecentomila euro,* im Französischen mit *Cette voiture coûte la bagatelle de deux cent mille euros* wiedergegeben.

81. Der *Flohmarkt* heißt auf Portugiesisch *a feira da ladra* (der Markt der Diebin).

82. *Sich drehen* heißt auf Türkisch *dönmek*, auf Griechisch γυρίζω [jiriso]. Davon kommen der Döner (*döner* sich drehend) und das Gyros (γύρος [jiros], Umdrehung/ Kreis).

83. Den *Rettungsring* (Hüftspeck/ Hüftgold) nennt man 'Griffe der Liebe' im Italienischen (*maniglie dell'amore*), im Französischen *poignées d'amour*, im Englischen *love handles*. Weniger poetisch nennt man ihn im Spanischen: *michelines* (Autoreifen von Michelin) und im Portugiesischen: *pneu* (Autoreifen).

84. *Keine Fisimatenten machen* heißt auf Französisch *ne pas faire de salamalecs*. Das Wort Fisimatenten kommt nicht von *Visitez ma tente* (Besuchen Sie mein Zelt; eine Aufforderung französischer Offiziere an deutsche Mädchen), auch nicht von *Je viens de visiter ma tante* (Ich habe gerade meine Tante besucht), angebliche Ausrede verspäteter Passanten bei Kontrollen durch die Wache. Der Ausdruck kommt vielmehr von *visae patentes (litterae)*, was 'ordnungsgemäß verdientes Patent' bedeutet. Da die Ausfertigung eines solchen Patents (im 16. Jahrhundert häufig *visepatentes* geschrieben) oft lange Zeit brauchte, kam es zur Bedeutung 'überflüssige Schwierigkeiten'.

85. *Er hat mich geschnitten* (beim Autofahren) heißt: frz. *Il m'a fait une queue de poisson* (Er hat mir einen Fischschwanz gemacht), it. *Mi ha tagliato la strada* (Er hat mir die Straße geschnitten), engl. *He cut in on me*.

86. *Schach spielen* heißt: engl. *to play chess*, port. *jogar xadrez*, rum. *a juca şah*, gr. παίζω σκάκι (alle mit direktem Objekt); frz. *jouer aux échecs*, sp. *jugar al ajedrez*, kat. *jugar*

*als escacs*, it. *giocare a scacchi*, russ. *играть в шахматы* (alle mit präpositionalem Objekt).

87. Das Französische hat für *Dieb*, *Diebstahl* und *stehlen* Wörter, die denselben Stamm aufweisen: *voleur*, *vol* und *voler*. Die italienischen Entsprechungen haben drei verschiedene Stämme: *ladro*, *furto* und *rubare*. Das Spanische, das Portugiesische und das Englische haben zwei: *ladrón*, *robo* und *robar*/ *ladrão*, *roubo* und *roubar*/ *thief*, *theft* und *to steal*.

88. Die Frage: *Habt ihr zu Hause keine Türen?*/ *Habt ihr Säcke vor den Türen?* lautet auf Italienisch: *Sei nato al Colosseo/ in barca?* (Bist du im Kolosseum/ in einem Boot geboren?)/ *Hai la tenda a casa tua?* (Hast du ein Zelt zu Hause?). Auch auf Griechisch sagt man *Σε βάρκα γεννήθηκες* (Bist du in einem Boot geboren?); Auf Französisch: *La porte se ferme toute seule chez toi?* (Geht bei dir zu Hause die Tür allein zu?)/ *Tu es né sous les ponts?* (Bist du unter den Brücken geboren?).

89. Ein Italiener, der *wie ein Schlot raucht*, raucht wie ein Türke (*fumare come un turco*), ein Spanier wie ein Kutscher (*fumar como un carretero*), ein Franzose wie ein Feuerwehrmann/ Pionier (*fumer comme un pompier/ sapeur*). Wie ein Schlot rauchen der Portugiese (*fumar como uma chaminé*) und der Engländer (*to smoke like a chimney*).

90. Will man etwas nicht wiederholen, was man gerade gesagt hat, so sagt man auf Italienisch *Paganini non ripete* (Paganini wiederholt nicht). Herkunft des Ausdrucks: Der Violinist und Komponist Niccolò Paganini (1782-1840) pflegte kein *da capo* zu geben, weil seine Darbietungen häufig wunderbare Improvisationen waren, die sich nicht wiederholen ließen.

91. Den *Musikantenknochen* bezeichnet man im Französischen als *le petit juif* (den kleinen Juden). Der Ausdruck stammt

aus der Zeit, in der jüdische Kaufleute Stoffe abmaßen, indem sie sie um den Vorderarm wickelten. Dabei konnte es leicht passieren, dass sie den Ellbogen am Ladentisch anstießen, was den elektrischen Schock verursachte. Im Spanischen nennt man ihn *hueso de la alegría/ de la risa* (Knochen der Freude/ des Lachens), im Englischen *funny bone* (lustiger Knochen), so auch im Portugiesischen: *osso engraçado*.

92. Wenn eine Spanierin einem Mann Kürbisse gibt (*dar calabazas*), dann gibt sie ihm einen Korb.

93. *Die Soße mit Brot auftunken* wird auf Italienisch durch *fare la scarpetta* (das Schühchen machen) ausgedrückt. Die Herkunft des Ausdrucks ist unklar. Mögliche Erklärung: Das zusammengedrückte Stückchen Brot, das über den Teller fährt, ist wie der Schuh, der über den Boden streift und das mitnimmt, was gerade daliegt.

94. Als *pelican crossing* (Pelikan-Kreuzung) bezeichnet man im Englischen eine Kreuzung mit einer Ampel, die von Fußgängern betätigt wird. Der Name ergibt sich aus den Anfangsbuchstaben der formellen Bezeichnung *pedestrian light controlled crossing*.

95. *Essere culo e camicia/ être cul et chemise* (Arsch und Hemd sein) bedeuten im Italienischen und Französischen 'dicke Freunde sein'. Auf Englisch sagt man *to be as thick as thieves* (so dick wie Diebe sein).

96. Die Entsprechungen von *zwei Fliegen mit einer Klappe schlagen* lauten: sp. *matar dos pájaros de un tiro* (zwei Vögel mit einem Schuss töten), it. *prendere due piccioni con una fava* (zwei Tauben mit einer Saubohne fangen), port. *matar dois coelhos com uma cajadada só* (zwei Kaninchen mit nur einem Stockschlag töten), frz. *faire d'une pierre deux coups* oder *faire coup double* (mit einem Stein zwei

Treffer landen; einen Doppelschlag landen), engl. *to kill two birds with one stone* (zwei Vögel mit einem Stein töten).

97. Der *Hals-Nasen-Ohren-Arzt* heißt: sp. *otorrinolaringólogo*, it. *otorinolaringoiatra*, frz. *oto-rhino-laryngologiste*, port. *otorrinolaringologista*; einfacher und in umgekehrter Reihenfolge auf Englisch *ear, nose and throat specialist*.

98. Französische und italienische *Tausendfüßler* haben auch tausend Füße (frz. *mille-pattes*, it. *millepiedi*), dagegen haben spanische, portugiesische und englische nur hundert (*ciempiés/ centopeia/ centopede*). Noch viel weniger, nämlich nur 40, haben griechische (*σαρανταποδαρούσα* [sarandapodar̯usa]).

99. Wenn Italiener und Franzosen *in der Nase bohren*, so stecken sie sich die Finger (Plural!) in die Nase: it. *mettersi le dita nel naso*, frz. *se mettre les doigts dans le nez*. Spanier und Portugiesen begnügen sich mit einem Finger: sp. *meterse el dedo en la nariz* oder *hurgarse (en) la nariz*, port. *meter o dedo no nariz*. Auf Englisch sagt man *to pick one's nose*.
Humorvolle Ausdrücke sind: sp. *sacarse los muebles* (sich die Möbel herausholen), port. *tirar os macacos do nariz* (die Affen aus der Nase ziehen)/ *limpar o salão* (den Salon säubern), it. *togliersi i topi* (die Mäuse herausholen).

Der wissenschaftliche Ausdruck für zwanghaftes In-der-Nase-Bohren ist Rhinotillexomanie. Dt. *Popel* kommt aus dem Tschechischen und bedeutet 'Asche'. Die spanische Bezeichnung dafür ist *albondiquilla*, eine Diminutivform von *albóndiga* (Fleisch- oder Fischkloß). Auf Italienisch sagt man *caccola* (Jemand, der ständig in der Nase bohrt, wird im Italienischen *caccolone* genannt)., im BP *catota/ meleca*, auf Französisch *crotte* (was auch Kotkugel bedeutet), auf Englisch *bogey/ bogy*.

100. Im Spanischen, Portugiesischen und Italienischen verschließt man etwas mit sieben Schlüsseln (*cerrar algo con siete llaves/ fechar u.c. a sete chaves/ chiudere qc con sette chiavi*), wenn man es *doppelt und dreifach verschließen* will.

101. *Sbaglia anche il prete all'altare* (Auch der Priester am Altar macht einen Fehler) sagt man im Italienischen, um auszudrücken, dass jeder irren kann.

102. Der Ausdruck *Du hast es ja so gewollt!* wird im Italienischen durch *Hai voluto la bicicletta, pedala!* (Du hast das Fahrrad gewollt, radle!) wiedergegeben. Im Französischen gibt es den Ausspruch *Tu l'as voulu, George Dandin* (aus einer Komödie von Molière) mit dem gleichen Sinn. Auf Englisch sagt man *You've been asking for it.*

103. Als *mariage blanc* (weiße Ehe) bezeichnet man im Französischen die Scheinehe.

104. 'Arm sein wie Hiob' sagt man in einigen romanischen Sprachen, um auszudrücken, dass jemand *arm wie eine Kirchenmaus* ist: it. *essere povero come Giobbe,* port. *ser pobre como Job*, frz. *être pauvre comme Job.* Der spanische Ausdruck lautet: *ser más pobre que una rata* (ärmer sein als eine Ratte).

105. Wenn einem Spanier etwas *nicht ganz einwandfrei/ koscher* vorkommt, so sagt er: *No me parece muy católico* (Es erscheint mir nicht sehr katholisch). Auch auf das Wohlbefinden wird dieses Adjektiv angewandt: *Hoy no estoy muy católico* (Heute fühle ich mich nicht recht wohl). Diese Bedeutung hat das Adjektiv auch im Französischen und im Portugiesischen: *une affaire pas très catholique* (eine nicht sehr saubere Sache/ eine zwielichtige Angelegenheit); *um aspirador que já não anda muito católico* (ein Staubsauger, der nicht mehr einwandfrei funktioniert); *Não estou muito católico hoje, bebi demais ontem* (Es geht mir heute nicht

so gut; ich habe gestern zu viel getrunken). Dieser Ausdruck stammt aus der Zeit der spanischen Inquisition.

106. Im Deutschen schiebt man jemandem den *schwarzen Peter* zu, im Italienischen und Portugiesischen gibt man jemandem die heiße Kartoffel weiter: *passare a qu la patata bollente/ passar a batata quente para as mãos de alg.*; im Französischen dreht man sie jdm. an: *refiler la patate chaude à qn* oder man jubelt jdm. das Baby unter: *refiler le bébé à qn* oder man lässt jdn. den Hut tragen: *faire porter le chapeau à qn.* Im Spanischen lädt man jdm. den Rucksack oder den Toten auf: *cargar el mochuelo/ el muerto a alg.* Im BE lässt man jdn. mit dem Baby/ im AE mit der Tasche dastehen: *to leave sb holding the baby/ the bag.* Im Passiv: *to be left holding the baby/ bag* (der Dumme sein/ die Sache ausbaden müssen).

107. Im Deutschen bringt man die *Kohle* (im Sinne von Geld) nach Hause, im Englischen den Schinkenspeck: *to bring home the bacon.*

108. Vor einer Prüfung wünscht man jemandem im Italienischen *In bocca al lupo!* (Dem Wolf ins Maul; nicht: *Buona fortuna!*). Herkunft: Man wünschte dem Jäger, dass er den Wolf ins Maul trifft. Der Jäger antwortete mit: *Crepi il lupo* (Es krepiere der Wolf). Studenten benutzen auch den Ausdruck *In culo alla balena!* (Dem Wal in den Arsch!).

109. Will man in Frankreich *Champignons* kaufen, so muss man *champignons de Paris* oder *champignons de couche* verlangen. *Champignons* sind einfach Pilze.

110. Mit *la curva de la felicidad* (die Kurve des Glücks) wird im Spanischen der beträchtliche Bauch bezeichnet, den manche Männer nach der Hochzeit bekommen.

111. Im Lateinischen heißt die *Muttersprache* Vatersprache: *sermo paternus.*

112. Eine während eines Schüleraustauschs in einer englischen Familie untergebrachte Lehrerin sagte, sie wolle vor dem Essen *take a douche.* An der Reaktion der Gastgeber merkte sie, dass etwas nicht stimmte. *To take a douche* bedeutet: eine Scheidenspülung machen. Sich duschen heißt: *to have/ take a shower.*

113. Der Ausdruck *Er hört sich gerne reden* heißt auf Englisch: *He likes to hear himself talk/ He likes to hear the sound of his own voice,* auf Französisch: *Il s'écoute parler,* auf Italienisch: *Si parla addosso,* auf Spanisch: *Le gusta escucharse a sí mismo.*

114. *Tischfußball* heißt auf Spanisch *futbolín,* auf Italienisch *calcetto (-ín* und *-etto* sind Diminutivsuffixe), auf Französisch *baby-foot,* auf Portugiesisch *matraquilhos* (unklare Herkunft; vielleicht zu *matraquear* knarren), auf Englisch (wie im Deutschen) *table football.*

115. Als *puxa-saco* (zieht den Sack) bezeichnet man im Brasilianischen einen Speichellecker/ Arschkriecher. Herkunft: Früher verstauten Offiziere auf Reisen ihre Kleidung in Säcken, die Ordonnanzen unterwürfig schleppen mussten.

116. Nahm ein Römer seiner Frau die Schlüssel weg (*claves uxori adimere*), so bedeutete das, dass er sich von ihr scheiden ließ.

117. Nach der für Brasilianer so traumatischen 7:1 Niederlage gegen Deutschland, ist *gol da Alemanha* (Tor für Deutschland) zum Ausdruck für all das geworden, was einem an Misslichem widerfährt: Fällt ein Glas herunter, *gol da Alemanha,* brennt das Essen an, *gol da Alemanha.*

118. Als *oie blanche* (weiße Gans) bezeichnet man im Französischen die Unschuld vom Lande.

119. Wenn man einen Gegenstand ausleiht und darauf hinweist, dass man ihn wiederhaben möchte (*Wiedersehen macht Freude*), so sagt man auf Italienisch *Si chiama Pietro e torna indietro* (Er heißt Pietro und kommt zurück), auf Englisch *He's called Jack (and comes back)* (Er heißt Jack (und kommt zurück), auf Französisch *Il s'appelle "Reviens"* (Er heißt "komm wieder"), auf Spanisch *Se llama ida y vuelta* (Er heißt hin und zurück), im EP *Tem volta na ponta* (Es hat Umkehr am Ende), im BP *vai e volta* (Es geht und kommt zurück).

120. Die Redensart *Die würd' ich auch nicht von der Bettkante stoßen* wird im Französischen durch *Si elle tombait dans mon lit, j'irais pas coucher dans la baignoire* (Wenn sie in mein Bett fallen würde, würde ich nicht in der Badewanne schlafen) wiedergegeben. Auf Englisch sagt man *I wouldn't kick her out of bed* (Ich würde sie nicht aus dem Bett stoßen), auf Spanisch *A ésta no le daría de lado* (Die würde ich nicht links liegen lassen), auf Italienisch *Non è da buttare* (Sie ist nicht zum Wegschmeißen)/ *Non le direi di no* (Ich würde ihr nicht nein sagen), so auch auf Portugiesisch *Não lhe dizia que não.*

121. Wenn man alleine, ohne einen offensichtlichen Grund lacht, so lacht man im Französischen die Engel an (*rire aux anges*), im Italienischen lacht man mit den Engeln (*ridere con gli angeli*).

122. Während man sich im Deutschen *die Zähne putzt*, 'wäscht' man sie sich in den romanischen Sprachen: it. *lavarsi i denti*, sp. *lavarse* (neben *limpiarse*) *los dientes*, kat. *rentar-se* (neben *netejar-se*) *les dents* frz. *se laver les dents*, EP *lavar os dentes* (ohne Reflexivpronomen; BP *escovar* bürsten), rum. *a se spăla pe dinţi*.

123. Im Brasilianischen bezeichnet *piranha* nicht nur den Fisch, sondern auch eine Schlampe.

124. Wenn Personen aneinander vorbeireden, so sagt man auf Spanisch und Französisch: *Es un diálogo de sordos/ C'est un dialogue de sourds* (Es ist ein Dialog von Tauben).

125. Tötet ein Franzose die Fliegen in 15 Meter Entfernung (*tuer les mouches à 15 mètres*), stinkt er aus dem Hals.

126. Der Ausdruck *sich outen* wird im Englischen, Französischen, Italienischen, Spanischen und Portugiesischen durch 'aus dem Schrank herauskommen' wiedergegeben: *to come out of the closet* (kurz: *to come out)/ sortir du placard/ uscire dall'armadio/ salir del armario/ sair do armário.*

127. Der Ausdruck *Kopf oder Zahl?* lautet auf Französisch: *pile ou face?* (Rück-/ Schriftseite oder Gesicht), auf Italienisch: *testa o croce?* (Kopf oder Kreuz), auf Spanisch: *¿cara o cruz?* (Gesicht oder Kreuz), auf Portugiesisch: *cara ou coroa?* (Gesicht oder Krone/ Kranz), auf Englisch: *heads or tails?* (Kopf oder Rück-/ Zahlseite).

128. Einen *Geißfuß* benutzt man zum Herausziehen eines Nagels; im Italienischen wrd ein *piede di porco* (Schweinsfuß), im Französischen ein *pied-de-biche* (Hirschkuhfuß) und im Spanischen ein *pie* oder eine *pata de cabra* (ein Ziegenfuß/ eine Ziegenpfote) verwendet.

129. *Jdn. versetzen* (nicht zu einer Verabredung kommen) heißt auf Französisch *poser un lapin à qn* (wörtl.: jdm. ein Kaninchen setzen). Herkunft des Ausdrucks: Im 19. Jh. nannte man *lapin* einen Freier, der sich davonmachte, ohne den den vereinbarten Preis zu bezahlen. Später übernahmen Studenten den Ausdruck mit dem Sinn 'warten lassen'. Im Spanischen sagt man *dar plantón a alg.* (jdm. einen

Wach(t)posten geben). Der *plantón* stand wie eine Pflanze (*planta*) bewegungslos da. Die portugiesische Entsprechung lautet: *dar o bolo/ o cano em alg.* (jdm. einen Kuchen/ ein Rohr geben); die italienische: *dare/ fare un bidone a qu* (jdm. einen Kanister geben); engl. *to stand s.o. up.*

130. Der *Klammeraffe* @ heißt auf Italienisch *chiocciola* (Schnecke), auf Griechisch *παπάκι* [papaki] (Entchen), auf Spanisch/ Portugiesisch *arroba* (Münzeinheit), auf Französisch *arrobas(e)*.

131. *Tapas* sind Häppchen, kleine Gerichte, die in spanischen Bars zu Bier oder Wein gereicht werden. Das Wort *tapa* bedeutet 'Deckel'. Früher bekam man zu seinem Wein oder Sherry eine Scheibe Brot, um das Glas gegen Fliegen abzudecken. Später gingen Gastwirte dazu über, auf der *tapa* Oliven oder gesalzene Mandeln zu servieren. Im Laufe der Zeit wurde das Angebot immer reichhaltiger.

132. Als einzige romanische Sprache verfügt das Portugiesische über einen flektierten/ persönlichen Infinitiv: z.B. *É melhor irmos a pé* (Es ist besser, wir gehen zu Fuß. *É melhor ir a pé* (Es ist besser, zu Fuß zu gehen).

133. Das spanische Verb *sembrar* bedeutet 'säen' (lat. *seminare*, abgel. von *semen* Samen); das italienische Verb *sembrare* bedeutet 'scheinen' (spätl. *similare*, abgel. von *similis* 'ähnlich').

134. Wenn während eines Gesprächs plötzlich Stille eintritt, wird im Italienischen ein Mönch geboren: *Nasce un frate*; im Französischen und Spanischen geht ein Engel vorbei: *Un ange passe/ Está pasando un ángel/* auch: *Ha pasado un ángel.*

135. Der Hinweis *Dein Hosenschlitz/ Hosenladen steht offen* lautet auf Italienisch *Hai la bottega aperta* (Du hast den Laden offen), auf Spanisch *Tienes la farmacia abierta* (Du hast die Apotheke offen), auf Französisch *Ta braguette est ouverte*, auf EP *A tua braguilha está aberta*, auf BP *Sua braguilha está aberta/ Seu zíper está aberto*, auf Englisch sagt man *Your flies are/ fly is down/undone*.

136. *Papillon* (nachklassisch lat. *papilione(m)* nennen die Franzosen den Schmetterling, aber auch das Knöllchen (*T'as un papillon sur le pare-brise. – Du hast ein Knöllchen auf der Scheibe*).

137. Wenn *es wie aus Kübeln regnet*, kann man umgangssprachlich auf Französisch sagen: *Il pleut comme vache qui pisse* (Es regnet wie eine Kuh, die pisst).

138. *Non tutte le ciambelle riescono col buco* (Nicht alle Brezeln/ Kringel gelingen mit Loch) sagt man im Italienischen, um auszudrücken, dass nicht immer alles nach Wunsch geht.

139. Im Deutschen nennt man *das Kind beim Namen*. Im Französischen: *On appelle un chat un chat* (Man nennt eine Katze eine Katze). Der italienische Ausdruck lautet: *Dire pane al pane e vino al vino* (Brot zum Brot und Wein zum Wein sagen), so auch der spanische: *llamar al pan, pan y al vino, vino*, der englische: *to call a spade a spade* (einen Spaten einen Spaten nennen).

140. Wenn ein Franzose *vom Hundertsten ins Tausendste* kommt, springt er vom Hahn zum Esel: *Il saute du coq à l'âne*; der Italiener springt vom Pfahl auf den Laubzweig: *Salta di palo in frasca*; der Spanier geht über Zweige: *Se va*

*por ramas.* Im Deutschen kommt man auch vom Hölzchen aufs Stöckchen.

141. Für *Geduld ist nicht jedermanns Sache* gibt es im Italieni-schen den bildlichen Ausdruck: *La pazienza è una buona erba che non cresce in tutti gli orti* (Geduld ist ein gutes Kraut, das nicht in allen Gärten wächst).

142. Sagt ein Spanier/ eine Spanierin: *Se me han pegado las sábanas* (An mir sind die Laken haften geblieben), dann ist er/ sie nicht aus dem Bett gekommen. Er/ Sie hat verschla-fen.

143. Sechsunddreißig Kerzen sieht ein Franzose *(voir trente-six chandelles)*, wenn er einen solchen Schlag auf den Kopf er-hält, dass er Sterne/ Sternchen sieht; it. *vedere le stelle*, sp. *ver las estrellas*, port. *ver (as) estrelas*, *to see stars* ((die) Sterne sehen).

144. Wenn ein Torwart einen leicht zu haltenden Ball durch-gelassen hat, sagt man auf Portugiesisch: *Ele deu um fran-go* (Er hat ein Hähnchen gegeben).

145. *Wer schön sein will, muss leiden* heißt auf Italienisch: *Chi bella vuol comparire, deve soffrire* (Wer schön erscheinen will, muss leiden), auf Spanisch: *Para lucir hay que sufrir* (Um zu glänzen, muss man leiden), auf Französisch: *Il faut souffrir pour être belle* (Man muss leiden, um schön zu sein), auf Englisch: *Beauty knows no pains* (Schönheit kennt keine Schmerzen).

146. Das italienische Schimpfwort *stronzo* (Arschloch/ Scheiß-kerl) bedeutet eigentlich 'Scheißhaufen'. Die feminine Form *stronza* kann durch 'Miststück/ Luder' wiedergegeben werden. Das Wort kommt aus dem Langobardischen.

147. *Elle compte les mouches au plafond* (Sie zählt die Fliegen an der Decke) sagt man im Französischen von einer Frau, die beim Sex nicht bei der Sache ist.

148. *Linguado* heißt im Portugiesischen nicht nur Seezunge, sondern auch Zungenkuss; der heißt auf Spanisch *beso de tornillo* (*tornillo* bedeutet Schraube), auf Englisch *French kiss.*

149. Ein *hohes Tier* ist im Spanischen ein dicker Fisch (*un pez gordo*), im Portugiesischen einer, der Regen schickt (*um manda-chuva*) im Italienischen ein dickes Stück (*un pezzo grosso*) oder ein hoher/ großer Mohn (*un alto/ grosso papavero*), im Französischen eine dicke Mütze (*un gros bonnet*), im Englischen ein großer Schuss (*a big shot*).

150. It./ sp./ port. *nuca*, frz. *nuque* (Nacken/ Genick) ist der einzige medizinische Ausdruck, der aus dem Arabischen stammt.

151. *Ein Veilchen (blaues Auge) haben* drückt man im Französischen durch *avoir un œil au beurre noir* (ein Auge mit schwarzer Butter haben) aus, im Italienischen und Portugiesischen durch *avere un occhio nero/ ter um olho negro* (ein schwarzes Auge haben), auf Spanisch *tener un ojo morado* (ein dunkelviolettes Auge haben).

152. Der Ausdruck *Schwamm drüber!* wird folgendermaßen wiedergegeben: frz. *Passons l'éponge!* (Fahren wir mit dem

Schwamm drüber!), port. *Passemos uma esponja sobre o assunto!* (Fahren wir mit einem Schwamm über die Angelegenheit!)/ *Não falemos mais nisso!* (Reden wir nicht mehr darüber!), it. *Mettiamoci una pietra sopra!* (Legen wir einen Stein drauf!/ *Non parliamone più!* (Reden wir nicht mehr darüber!), sp. *¡Borrón y cuenta nueva!* (Klecks und neue Rechnung!)/ *¡Pelillos a la mar!* (Härchen/ Kleines Ärgernis ins Meer).

153. Wenn man im Italienischen von jemandem sagt: *Fa il passo più lungo della gamba* (Er macht den Schritt länger als das Bein), dann übernimmt er sich. Auf Französisch sagt man: *Il pète plus haut que son cul* (Er furzt höher als sein Arsch), auf Portugiesisch: *É muita areia para a sua camioneta* (Es ist viel Sand für seinen Lastwagen), auf Englisch: *He's biting off more than he can chew* (Er beißt mehr ab, als er kauen kann).

154. Für *abnehmen* (Gewicht verlieren, engl. *to lose weight*) haben das Französische, das Italienische und das Portugiesische ein Wort, das mit 'mager' zusammenhängt: frz. *maigrir,* it. *dimagrire,* port. *emagrecer.* Das Spanische hat ein Verb, das von *delgado* (lat. *delicatus* dünn/ fein) abgeleitet ist: *adelgazar.*

155. Sagt man in Italien, in Spanien, in Portugal oder in Griechenland von einer Frau *È in stato interessante/ Está en estado interesante/ Está em estado interessante/ Είναι σε ενδιαφέρουσα* (Sie ist in einem interessanten Zustand), dann ist sie in anderen Umständen. Auf Englisch sagt man: *She is expecting.*

156. *Jds. rechte Hand sein* heißt auf Italienisch: *essere il braccio destro di qu,* auf Französisch: *être le bras droit de qn* und

auf Portugiesisch *ser o braço direito de alg.*, auf Spanisch *ser el brazo derecho de alg.* (jds. rechter Arm sein).

157. *(Jersey de) cuello cisne* (Schwanenhalspullover) wird im Spanischen der Rollkragenpullover genannt.

158. Der Ausdruck *eine lange Leitung haben* heißt: gr. *είμαι σπίρτο βρεγμένο* [ime spirto wregmeno] (ein nasses Streichholz sein), frz. *avoir du retard à l'allumage* (Verzögerung bei der Zündung haben)/ *avoir la comprenette difficile*; it. *essere duro di comprendonio*, sp. *ser muy corto de entendederas/ tener malas entendederas*, port. *ser de compreensão lenta*, engl. *to be slow on the uptake*.

159. Im Spanischen berät man eine Sache mit dem Kopfkissen (*consultar u.c. con la almohada*), wenn man sie überschläft. Im Portugiesischen fragt man das Kopfkissen um Rat *(consultar o travesseiro)*.

160. It. *È imbarazzata* bedeutet 'sie ist verlegen', sp. *Está embarazada* 'sie ist schwanger'. *Sie ist schwanger* heißt auf Italienisch: *È incinta*, *Sie ist verlegen* heißt auf Spanisch: *Está avergonzada/* (fam.) *abochornada*.

161. Der portugiesische Ausdruck *olhar contra o governo* (gegen die Regierung schauen) bedeutet 'um die Ecke gucken können/ schielen'.

162. Der Ausdruck *Viel Lärm um nichts* wird im Italienischen durch *Molto fumo e poco arrosto* (viel Rauch und wenig Braten), im Spanischen durch *Mucho ruido y pocas nueces* (viel Lärm und wenige Nüsse) wiedergegeben. Wie im Deutschen wird im Französischen und im Portugiesischen formuliert: *Beaucoup de bruit pour rien/ Muito/ Tanto barul-*

*ho por nada.* Auf Englisch sagt man *Much ado about nothing* (Viel Aufheben um nichts).

163. Französischer Zungenbrecher: *Ces cerises sont si sures qu'on ne sait si c'en sont* (Diese Kirschen sind so sauer, dass man nicht weiß, ob es welche sind).

164. Frz. *faire des galipettes* (Purzelbäume schlagen) bedeutet auch 'eine Nummer schieben'.

165. Jemand, der *wie ein Bierkutscher flucht*, flucht im Italienischen wie ein Türke: *bestemmiare come un turco.*

166. Italienische Kinder spielen 'blinde Fliege', spanische 'blindes Huhn', portugiesische 'blinde Ziege' (*giocare a mosca cieca/ jugar a la gallina ciega/ jogar à cabra-cega*), während deutsche Kinder *Blindekuh* spielen. Auf Französisch sagt man *jouer à colin-maillard* (*Colin* und *Maillard* sind zwei Eigennamen. Die Herkunft des Ausdrucks ist nicht geklärt).

167. *Revenons/ Retournons à nos moutons!* (Kommen wir zu unseren Schafen zurück), sagt ein Franzose, der zum Thema zurückkehrt. Dieser Ausspruch geht auf einen berühmten Schwank aus dem 15. Jhd. zurück (*La Farce de Maître Pathelin*), in der der Richter die Prozessbeteiligten mit diesen Worten wieder auf den eigentlichen Gegenstand des Prozesses (es geht um Schafe) lenkt. Im Portugiesischen gibt es den Ausdruck *tornar/ voltar à vaca fria* (zur kalten Kuh zurückkehren).

168. Der Ausdruck *Auch das Auge isst mit* wird im Italienischen durch *Anche l'occhio vuole la sua parte* (Auch das Auge will seinen Anteil) wiedergegeben. Weitere Entsprechungen: port. *Os olhos também comem* (Auch die Augen essen). frz. *On mange aussi avec les yeux/* sp. *También se come con los ojos.* (Man isst auch mit den Augen). engl. *A meal has to look nice, too* (Ein Essen muss auch hübsch aussehen).

169. Die *Briefkastentante* wird im Englischen *agony aunt* (Qual-Tante), im Französischen *courriériste du cœur* (Redakteurin des Herzens) genannt.

170. Ist im italienischen Baumarkt von *maschio e femmina* (Männchen und Weibchen) die Rede, dann geht es um *Nut und Feder*. Die portugiesische und spanische Entsprechung lauten: *macho e fêmea* und *ranura* (Rille/ Schlitz) *y lengüeta* (Zünglein), so auch engl.(mit umgekehrter Wortfolge) *tongue and groove*.

171. Wenn man im Spanischen von einem Redner sagt *Se le ha ido el santo al cielo* (Ihm ist der Heilige zum Himmel entschwunden), bedeutet das, dass er in seiner Rede stecken geblieben ist.

172. Im Deutschen hat man einen *Kloß im Hals*, im Italienischen, Spanischen und Portugiesischen einen Knoten: it. *avere un nodo/ groppo alla gola/ tener un nodo en la garganta/ ter um nó na garganta*, im Englischen einen Klumpen: *to have a lump in one's throat*.

173. Alle romanischen Sprachen, mit Ausnahme des Spanischen, haben für *Knie* ein Wort, das sich von vlat. *genuculum* (Diminutiv von klat. *genu*) ableitet: frz. *genou*, it. *ginocchio*, rum. *genunchi*, kat. *genoll*, sard. *genugu*, port. *joelho*; sp. *rodilla* (*rotella*, Diminutiv von lat. *rota*, Rad). Die Ursache für das Verschwinden des mittelalterlichen Wortes *hinojo* (Knie) ist auf die lautliche Kollision mit *hinojo* (Fenchel, von vlat. *fenuculu(m)* zurückzuführen.

174. Die Redensart *Was man nicht im Kopf hat, muss man in den Beinen haben*, lautet auf Spanisch: *El que no tenga cabeza que tenga pies*; auf Italienisch *Chi non ha testa abbia gambe* (Wer keinen Kopf hat, soll Beine haben); auf Französisch *Quand on n'a pas de tête, il faut avoir des jam-*

*bes* (Wenn man keinen Kopf hat, muss man Beine haben)*;* auf Portugiesisch: *Quem não tem cabeça para pensar, tem pernas para andar* (Wer keinen Kopf zum Denken hat, hat Beine zum Gehen); auf Englisch: *A bit of thought would save a lot of legwork* (Ein bisschen Nachdenken würde viel Beinarbeit ersparen).

175. Das Sprichwort *Der Krug geht so lange zum Brunnen, bis er bricht* wird im Französischen, Spanischen und Portugiesischen ähnlich formuliert: *Tant va la cruche à l'eau qu'à la fin elle se casse/ Tanto va el cántaro a la fuente, que al final se rompe/ Tantas vezes vai o cântaro à fonte que lá deixa ficar a asa* (Henkel). Im Italienischen liegt ein anderes Bild vor: *Tanto va la gatta al lardo che ci lascia lo zampino* (So lange geht die Katze zum Speck, bis sie dabei das Pfötchen verliert).

176. Mit *chameau* bezeichnet man im Französischen ein 'Biest/ Luder'. *Du Kamel!* wird durch *Espèce d'idiot/ d'imbécile* wiedergegeben.

177. Achtung: Im Griechischen bedeutet σερβιέτα [servieta] 'Damenbinde'. Serviette heißt πετσέτα [pets<u>e</u>ta]; Papierserviette heißt χαρτοπετσέτα [chartopets<u>e</u>ta].

178. Der italienische Ausdruck *rivedere le bucce a qu* (jds. Schalen kontrollieren) bedeutet: 'jds. Tun genau konrollieren mit der Absicht, Fehler zu finden'.

179. Die Aussage *Unser Lateinlehrer hat eine feuchte Aussprache* wird auf Französisch so wiedergegeben: *Notre professeur de latin postillonne/ envoie des postillons* (schickt Speicheltröpfchen). Auf Italienisch lautet der Satz: *Il nostro professore di latino sputacchia/ parla sputacchiando* (spricht spuckend), auf Spanisch: *Nuestro profesor de latín echa*

*perdigones*, auf Portugiesisch: *O nosso professor de latim deita perdigotos* (sp./ port. 'wirft Schrotkugeln'), auf Englisch: *Our Latin teacher splutters when he speaks.*

180. *Un plat de musiciens* (ein Teller Musiker) sind im Französischen ein Teller weiße Bohnen.

181. Das diakritische Zeichen *cédille* (ç), das dem spanischen *cedilla* entlehnt ist, bedeutet kleines *c*. Im Französischen, Katalanischen und Portugiesischen bezeichnet ç ein [s] (z.B. *façon* Art, *caça* Jagd, *coração* Herz), im Türkischen [tʃ] (z.B. *çok* sehr). Im Rumänischen kann die *cédille* unter *t* oder *s* stehen: ţ [ts] (z.B. *vacanţă* Ferien), ş [ʃ] (z.B. *duş* Dusche).

182. Der Ausdruck *Papier ist geduldig* lautet auf Latein: *Epistula non erubescit* (Ein Brief wird nicht rot), auf Französisch: *Le papier souffre tout (et ne rougit de rien)* (Papier erträgt alles (und wird wegen nichts rot); auf Spanisch: *El papel todo lo aguanta* (Papier erträgt alles); auf Englisch: *Paper doesn't blush* (Papier wird nicht rot).

183. Einen *geilen Bock* nennen die Franzosen *un chaud lapin* (ein heißes Kaninchen).

184. Spanisch ist die einzige romanische Sprache, in der das Wort für *Pfirsich* aus zwei Elemen-ten besteht: *melocotón* (aus lat. *malum*, Apfel, und *cotonium*, Quitte). In Lateinamerika heißt diese Frucht *durazno*. Frz. *pêche*, it. *pesca*, port. *pêssego* und engl. *peach* leiten sich von lat. *Persicum* (*malum*) 'persischer Apfel' ab.

185. Eine *Bettgeschichte* nennt man auf Französisch *histoire de fesses/ cul* (Hintern-/ Arschgeschichte).

186. Als *bugiardino* (kleiner Lügner) bezeichnet man umgangssprachlich im Italienischen den Beipackzettel (*foglio/ foglietto illustrativo*).

187. Engl. *recipe* Rezept (Kochrezept) ist die lat. Imperativform von *recipere* und bedeutet 'Nimm!'

188. Das *Bidet* (frz. *bidet*, das vielleicht mit afrz. *bider*, traben, zusammenhängt) bedeutet 'kleines Pferd'. Im Italienischen gibt es das (veraltete) Wort *bidetto*, das ein normannisches Reitpferd bezeichnete.

189. Eine *Gnadenvier* heißt auf Italienisch: *un sei dato per misericordia* (eine aus Barmherzigkeit gegebene Vier). In Italien geht die Notenskala von 0 (*non classificabile* unbewertbar) bis 10 (*ottimo/ eccellente* sehr gut/ ausgezeichnet). Die Note 6 entspricht einer Vier. Der Ausdruck *gerade noch bestehen* heißt: *prendere una sufficienza stiracchiata* (ein gestrecktes 'ausreichend' bekommen). Weitere Entsprechungen: sp. *aprobar por los pelos* (um ein Haar), frz. *réussir de justesse/ cahin-caha* (mit Ach und Krach), EP *passar à tangente/* BP *passar raspando* (schrammend), engl. *to scrape through* (schrammen).

190. Wenn ein Italiener, ein Spanier oder ein Portugiese die Steigbügel verliert (*perdere le staffe/ perder los estribos/ perder as estribeiras*), so verliert er die Fassung.

191. *Salto* heißt auf Italienisch: *salto mortale*. *Salto* allein bedeutet nur 'Sprung'. Das englische Wort *somersault* kommt von dem altfranzösischen *sombresault*, das auf das provenzalische *sobresaut* (*sobre* über + *saut* Sprung) zurückgeht.

192. *Ein Bäuerchen machen* heißt auf Italienisch: *fare il ruttino* (das Rülpserchen machen), auf Französisch: *faire son rot,*

auf Portugiesisch: *dar um arrotinho*, auf Spanisch: *soltar un eructo* (lat. *eructare* rülpsen), auf Englisch:*to burp.*

193. Mit *Marie-couche-toi-là* (Marie, leg dich hin) bezeichnet man im Französischen ein Flittchen.

194. Das *Krokodil* (lat. *crocodilu(m)*, gr. κροκόδειλος (unbekannte Herkunft) heißt auf Italienisch: *coccodrillo* und auf Spanisch: *cocodrilo*, auf Katalanisch:*cocodril* (Metathese, Vertauschung des *r*).

195. Der Ausdruck *jdm. die Freundin ausspannen* wird im Italienischen durch *soffiare la ragazza a qu,* im Spanischen durch *soplar la novia a alguien* und im Französischen durch *souffler sa petite amie à qn* (jdm. die Freundin wegblasen) wiedergegeben.

196. *Piedipiatti* (Plattfüße) werden in Italien die 'Bullen' (Polizisten) genannt. In Spanien heißen sie *maderos* (Langhölzer), in Frankreich *flics* (aus dem Rotwelschen: *flick*, Knabe), in Brasilien *tiras* (m., zu *tirar*, entfernen), in Portugal *bófias* (unbekannte Herkunft), in England *cops* (*cop*, Kurzwort von *copper*, Fänger; *to cop sb*, jdn. schnappen). *Die Bullen kommen*: it. *Arrivano i piedipiatti!/ Arriva la pula!* (von *pulizia*, Variante von *polizia*), sp. *¡Que vienen los maderos!/ ¡Que viene la poli!*, frz. *Les flics arrivent!*, BP *Os tiras estão chegando!*, EP *A bófia está a chegar!* engl. *The cops are coming!*

197. Der *Friedhof* heißt nicht so, weil dort die Toten ihren Frieden finden, sondern weil es ein eingefriedeter, mit einer Mauer/ einem Zaun umgebener Ort ist. Engl. *cemetery*, it. *cimitero*, sp. *cementerio*, port. *cemitério*, frz. *cimetière* gehen auf spätlat. *cimiteriu(m)* zurück (von gr. κοιμητήριον, 'der Ort, wo man schlafen geht', von κοιμάω 'zur Ruhe legen/ einschläfern').

198. Wenn ein italienisches Kind 'mit dem Hemd geboren' ist (_e_ssere nato/a con la camicia), ist es ein _Glückskind_. Mit _camicia_ ist die Membran (eigentlich die Eihäute) gemeint, in die der Fötus im Uterus eingehüllt ist. Mit dieser Membran geboren zu werden galt als ein gutes Vorzeichen. Ein französisches Glückskind ist 'mit einer Haube (_coiffe_) geboren' (_être né/e coiffé/e_). Auch hier ist mit _coiffe_ (Haube) die Membran gemeint, die manche Kinder bei der Entbindung auf dem Kopf haben. Ein spanisches Glückskind ist 'aufrecht/ mit den Füßen zuerst geboren' (_haber nacido de pie_), ein brasilianisches ist 'mit dem Hintern zum Mond (gedreht) geboren' (_nascer com a bunda (virada) para a lua_), ein englisches ist 'mit einem silbernen Löffel im Mund geboren' (_to be born with a silver spoon in one's mouth_).

199. Auf Italienisch heißen _Krähenfüße_ _zampe di gallina_ (Hennenfüße), auch auf Portugiesisch _(pés-de-galinha)_; auf Spanisch heißen sie _patas de gallo_ (Hähnefüße) und auf Französisch _pattes d'oie_ (Gänsefüße).

200. Im Deutschen _macht die Liebe blind_. So auch im Französischen: _L'amour rend aveugle._ Im Italienischen, Spanischen, Portugiesischen und auch im Englischen _ist_ die Liebe blind: _L'amore è cieco/ El amor es ciego/ O amor è cego/ Love is blind._

201. Von einem Fußballspieler, der Theater spielt, (schauspielert) sagt man auf Französisch: _Il fait du cinéma_ (Er spielt Kino).

202. Im Deutschen geht man _im_ Regen, so auch im Portugiesischen: _andar na chuva_ und im Englischen: _to walk in the rain_; _unter_ dem Regen geht man im Italienischen: _cam-_

*minare sotto la pioggia,* im Französischen: *marcher sous la pluie* und im Spanischen: *andar/ caminar bajo la lluvia.*

203.  Der Ausdruck *Ich wäre bei dem Gespräch gern Mäuschen gewesen* heißt auf Englisch: *I wish I'd have been a fly on the wall* (eine Fliege an der Wand) *during that conversation.* So auch im Italienischen: *Avrei proprio voluto essere una mosca* (Fliege) *durante quel colloquio* und im Portugiesischen: *Quem me dera ter sido uma mosca durante aquela conversa.* Auf Französisch sagt man, wie im Deutschen: *J'aurais aimé être une petite souris* (eine kleine Maus) *pendant cette conversation-là.*

204.  *Ein Auto ausschlachten* heißt auf Italienisch: *cannibalizzare una macchina,* auf Englisch: *to cannibalize a car,* auf Französisch: *cannibaliser une voiture,* im BP: *canibalizar um automóvel.*

205.  Das *Tischbein* heißt auf Spanisch *la pata* (die Pfote) *de la mesa,* auf Französisch *le pied* (Fuß) *de table,* ebenso auf Portugiesisch *o pé da mesa.* Im Italienischen heißt es, wie im Deutschen, *la gamba* (das Bein) *del tavolo.* Sprachwissenschaftlich ausgedrückt liegt hier eine Katachrese (gr. κατάχρησις Missbrauch/ uneigentlicher Gebrauch eines Wortes) vor. Wenn es keinen spezifischen Ausdruck für einen Gegenstand gibt, bedient man sich einer Metapher.

206.  It. *Al cuore non si comanda* (Dem Herzen befiehlt man nicht) entspricht dt. *Wo die Liebe hinfällt, ...* Die englische Entsprechung lautet: *Love is a funny thing!*

207. *C'erano quattro gatti* (Es waren vier Katzen da) sagt man im Italienischen, wenn bei einer Vorstellung nur ein paar Hansel anwesend waren.

208. It. *essere una buona forchetta* und port. *ser um bom garfo* (eine gute Gabel sein) bedeutet: ein guter Esser sein. Entsprechend heißt im Portugiesischen *ser um bom copo* (ein gutes Glas sein) gern viel trinken/ ein Schluckspecht sein.

209. Der französische Ausdruck *Faut pas pousser mémère dans les orties* (Man darf eine alte Frau nicht in die Brennnesseln stoßen) bedeutet, dass man nicht übertreiben darf.

210. Im Spanischen bedeutet *firma* sowohl 'Unterschrift' als auch 'Firma'. Im Italienischen nur Unterschrift. *Firma* heißt auf Italienisch *ditta*.

211. *Die Fehler eines anderen ausbaden/ die Zeche bezahlen (müssen)* wird im Portugiesischen durch *(ter que) pagar as favas/ o pato* (die Saubohnen/ die Ente bezahlen) ausgedrückt, im Französischen durch *payer les pots cassés* (die zerbrochenen Töpfe bezahlen), im Spanischen durch *tener que pagar el pato/ los vidrios/ los platos rotos* (die Ente/ die Glaswaren/ die zerbrochenen Teller bezahlen), im Katalanischen *pagar la festa/ els plats trencats* (das Fest/ die zerbrochenen Teller bezahlen), im Italienischen durch *(dover) pagare il conto/ lo scotto* (Zeche)/ *il fio* (Buße/ Sühne) und im Englischen durch *to carry the can for sb* (für jdn. den Kanister/ Mülleimer tragen)

212. Das Wort *Furunkel* (it. *foruncolo*, sp. *forúncolo*, port. *furúnculo*, frz. *furoncle*) bedeutet eigentlich 'kleiner Dieb' (lat. *fur* Dieb, *-unculus* Diminutivform). Es bezeichnet auch den Nebentrieb an Rebstöcken, der dem Haupttrieb den Saft 'stiehlt'.

213. Ein italienischer Mönch, der die Kutte in die Brennnesseln wirft (*gettare la tonaca alle ortiche*), sagt dem Klosterleben Adé.

214. Der *Käfer* (Volkswagen) wird in Frankreich *coccinelle* (Marienkäfer), in Italien *maggiolino* (Maikäfer), in Spanien *escarabajo* (Käfer), in Mexiko *vocho* (aus *Volkswagencito*, kleiner Volkswagen, über *vochito* zu *vocho*), in Portugal *carocha* (Hirschkäfer), in Brasilien *fusca* (volkstümliche Aussprache von Volkswagen) genannt.

215. Engl. *pencil* geht auf lat. *penicillum* (Pinsel) zurück, das von *peniculus* (kleiner Penis) abgeleitet ist.

216. *Crucchi* werden in Italien halb scherzhaft, halb verächtlich die Deutschen genannt. *Crucco* ist die italienisierte Form von kroat. *kruh*, das 'Brot' bedeutet. Mit diesem Wort bezeichneten die italienischen Soldaten im 1. Weltkrieg die österreichischen Soldaten kroatischer Nationalität, die ausgehungert immer um *kruh* bettelten. Später wurde das Wort, auch in der Variante *Cruco*, von den Soldaten, die in Russland kämpften, und dann von den italienischen Partisanen gebraucht, um die deutschen Soldaten zu bezeichnen.

217. *Soqquadro* (große Unordnung/ Durcheinander) ist das einzige italienische Wort, das mit zwei *q* geschrieben wird. Es kommt in dem Ausdruck *mettere a soqquadro qc* vor (etw. durcheinander bringen).

218. Unter *téléphone arabe* versteht man im Französischen den 'Buschfunk': *Je l'ai appris par le téléphone arabe* (Ich habe es im Buschfunk gehört). Die englische Entsprechung ist *bush/ jungle telegraph/ grapevine* (Weinstock): *I heard it through/ on the grapevine*. Hier liegt ein Vergleich mit der sich windenden Ranke der Weinrebe zugrunde. Auf Spa-

nisch sagt man: *Me enteré de ello por Radio Macuto* . Im spanischen Bürgerkrieg war unter Soldaten der Reim zu hören: *Aquí Radio Macuto, mil paridas por minuto* (Hier Radio Macuto, tausend Dummheiten pro Minute). Der italienische Ausdruck lautet: *L'ho sentito da voci di corridoio* (Stimmen aus dem Flur). Im BP sagt man: *Ouvi-o através de fofocas* (Tratsch; vielleicht aus einer Bantusprache).

219. Lat. *venire* (mit kurzem *e*) bedeutet 'kommen', *venire* (mit langem *e*, aus *venum ire* zum Verkauf gehen) bedeutet 'verkauft werden'; es dient als Passiv von *ve̲ndere* (verkaufen, zusammengezogen aus *venum dare* zum Verkauf geben).

220. Der Italienische Hund macht *bau! bau!*, der spanische *¡guau! ¡guau!*, der portugiesische *ão ão,* der französische *ouah! ouah!*, der englische *bow-wow/ woof, woof! Bellen* heißt auf Italienisch *abbaiare*, auf Französisch *aboyer*, auf Spanisch *ladrar*, auf Portugiesisch *ladrar/ latir*, auf Englisch *to bark*.

221. Ein *Bücherwurm* wird im Englischen wie im Deutschen *bookworm,* im Italienischen und im Spanischen *topo di biblioteca/ ratón de biblioteca* (Bibliotheksmaus), im Französischen *rat de bibliothèque* (Bibliotheksratte), im Griechischen βιβλιοφάγος und Russischen книгоед (Buchfresser) genannt.

222. *To play gooseberry* (Stachelbeere spielen) bedeutet 'den Anstandswauwau spielen'. Der englische Ausdruck bezieht sich wohl auf eine Anstandsdame, die sich vorgeblich mit dem Pflücken von Stachelbeeren beschäftigt, dabei das Paar sich selbst überlässt. Auf Italienisch sagt man: *e̲ssere il terzo inco̲modo* (der unliebsame Dritte sein), auf Französisch: *tenir la chandelle* (die Kerze halten); so auch im BP *ficar de vela/ segurar a vela*. In der Hochzeitsnacht musste

der Trauzeuge des Bräutigams für die Neuvermählten für Licht sorgen. Dabei drehte er ihnen den Rücken zu, während er die Kerze hielt.

223.	Bei der Übersetzung von *beziehungsweise* ist auf die Stellung zu achten: Sie sind 10 bzw. 15 Jahre alt: frz. *Ils ont respectivement 10 et 15 ans*; it. *Hanno rispettivamente 10 e 15 anni*; port. *Têm respe(c)tivamente 10 e 15 anos/ Têm 10 e 15 anos, respe(c)tivamente;* sp.. *Tienen 10 y 15 años respectivamente;* engl. *They are 10 and 15 years old, respectively.* Hinweis: Nur it. *rispettivamente* kann abgekürzt werden (*risp.*).

224.	Italiener, Portugiesen und Franzosen trinken wie ein Schwamm, wenn sie *wie ein Loch saufen: bere come una spugna/ beber como uma esponja/ boire comme une éponge* (auch: *comme un trou* wie ein Loch/ *comme un Polonais* wie ein Pole), Spanier wie ein Kübel: *beber como una cuba.*

225.	Im Deutschen verbindet man *das Angenehme mit dem Nützlichen*, während man es in den romanischen Sprachen umgekehrt macht: it. *unire l'utile al dilettevole*, sp. *unir lo útil con lo agreable*, port. *juntar o útil ao agradável,* frz. *joindre l'utile à l'agréable*; ebenso im Englischen *to combine business with pleasure.*

226.	Im Deutschen hat man *die Nase voll*; im Italienischen die Taschen oder die Schachteln (*averne le tasche/ scatole piene*); im Französischen hat man die Trinkschale gestrichen voll (*en avoir ras le bol*), im Portugiesischen hat man es satt bis zu den Haarspitzen (*estar farto até às pontas dos cabelos*).

227.	Die Abkürzung *pp.* in dem Ausdruck *et cetera pp.* kommt von der lateinischen Imperativform des Verbs *pergere*: fahr fort, fahr fort/ mach weiter, mach weiter.

228. Obwohl das Wort *brutto* aus dem Italienischen kommt, heißt Bruttogehalt *stipendio lordo* (= schmutzig). *Brutto* bedeutet 'hässlich/ böse/ schlimm'. Nettogehalt heißt *stipendio netto*.

229. Die Einwohner von Ibiza (kat. *Eivissa*) heißen Ibizenker (sp. *ibicenos*, kat. *eivissencs*). Die Einwohner der Elfenbein-küste heißen Ivorer (abgeleitet von frz. *Côte d'Ivoire*).

230. Frz. *croissant*, Partizip Präsens von *croître*, bedeutet 'wach-send/ zunehmend'. Zuerst bedeutete es die Zeit, in der der Mond zunimmt, dann die Mondsichel. Streng genommen handelt es sich um die Sichel des abnehmenden Mondes. Die ersten Croissants wurden in Wien hergestellt, um den 1689 über die Türken errungenen Sieg zu feiern, deren Symbol der Halbmond ist.

231. Während der spanische Ausdruck *voy tirando* 'ich schlage mich so durch/ ich schleppe mich so hin' bedeutet, bedeutet er in einigen Ländern Südamerikas 'ich vögle mich so durch'.

232. Bei *Omnibus* liegt der Dativ des lateinischen Wortes *omnes* (alle) vor. Es handelt sich also um (ein Gefährt) für alle. Die Kurzform (Aphärese) *Bus* ist demnach nur eine Dativ-Plural-Endung.

233. Dt. *Kloster* kommt von vlt. *clostrum* (nachkl. *claustrum*), das 'abgeschlossener Raum' bedeutet. Abgeleitet davon sind auch frz. *cloître* und it. *chiostro*, die 'Kreuzgang', aber auch 'Kloster' bedeuten.

234. Wenn man im Spanischen sagt, dass jemand bei den En-gelchen ist (*está con los angelitos*) dann ist er/ sie nicht bei der Sache.

235. Port. *falar pelos cotovelos* und sp. *hablar por los codos* (mit den Ellbogen reden) bedeutet 'unaufhörlich quasseln'.

236. *È caduto dalla padella nella brace* (Er ist aus der Pfanne in die Kohlenglut gefallen) sagt man auf Italienisch von jemandem, der vom Regen in die Traufe gekommen ist. Auf Englisch lautet die Redewendung: *He jumped out of the frying pan into the fire* (Er sprang aus der Bratpfanne in das Feuer). Auch im Portugiesischen spielt das Feuer eine Rolle: *Escapou às chamas e caiu nas brasas* (Er entkam den Flammen und fiel in die Kohlenglut). Im Französischen gibt es mehrere Entsprechungen: *Il est tombé de Charybde en Scylla* (Er ist von Charybdis zu Skylla gefallen)/ *Il est tombé de mal en pis* (Er ist vom Schlechten ins Schlechtere gefallen)/ *Il a changé son cheval borgne contre/ pour un aveugle* (Er hat sein einäugiges Pferd gegen ein blindes eingetauscht). Auf Spanisch sagt man *Él fue de Guatemala a Guatepeor* (Wortspiel)/ *Fue de mal en peor*.

237. Die einzige romanische Sprache, die das lateinische Wort für *Haus* (*domus*) als Normalwort erhalten hat, ist das Sardische: *domo*. *Domus* lebt weiter in it. *duomo* (Dom), in frz. *dôme* (Kuppel, von außen gesehen; von innen: *coupole*). *Dôme* mit der Bedeutung 'Dom' wird nur auf ausländische Dome angewandt: *le dôme de Milan* (der Mailänder Dom), *le dôme de Cologne* (der Kölner Dom). Der Dom: frz. *cathédrale*, sp. *catedral*, engl. *cathedral*.

238. Die *Gladiole* (it. *gladiolo*, sp. *gladiolo/ gladíolo*, port. *gladíolo*, frz. *glaïeul*) kommt von lat. *gladiolus* (kleines Schwert).

239. Der Ausdruck *In diesem Haus geht es wie in einem Taubenschlag zu* wird im Italienischen durch *Questa casa è un porto di mare* (Dieses Haus ist ein Seehafen), im Eng-

lischen durch *It's like Piccadilly Circus in this house*, im Portugiesischen durch *Esta casa parece uma feira* (Dieses Haus scheint ein Markt zu sein) wiedergegeben.

240. It. *la gru* ist der Kranich und der Kran (eigentlich Kranich; hier liegt eine Metapher vor). *L'autogrù* ist der Abschleppwagen. Auch frz. *la grue* hat beide Bedeutungen. Außerdem bedeutet es Nutte/ Bordsteinschwalbe. Auf Spanisch heißt der Kranich *la grulla*, der Kran/ Abschleppwagen *la grúa*.

241. Mit dem Feuer spielen heißt auf Italienisch: *scherzare col fuoco* (mit dem Feuer scherzen). Wie im Deutschen mit Artikel: frz. *jouer avec le feu*, port. *brincar com o fogo*; ohne Artikel: sp. *jugar con fuego, to play with fire*.

242. Die *Glotze* wird im Spanischen *caja tonta* (dummer Kasten) genannt, so auch im Griechischen (χαζοκουτί).

243. Im Französischen ist ein *civiliste* ein Zivilrechtler. Der Zivilist heißt auf Französisch *le civil*.

244. *Ein heißes Eisen* ist im Spanischen, Itaienischen und im Englischen eine heiße Kartoffel (*Eso es una patata caliente/ È una patata bollente/ It's a hot potato*).

245. Das Wort *Kuh*, auf eine Person bezogen, bezeichnet im Italienischen (*vacca*) eine Nutte, im Spanischen (*vaca*) einen Fettwanst oder eine Tonne. Im Portugiesischen kann es außerdem eine gemeine, rachsüchtige Frau bezeichnen.

246. *Partout des moutons!* (Überall Schafe!) sagt man auf Französisch, wenn überall *Wollmäuse* sind. Auf Italienisch hei-

ßen sie *gatti di p*o̱*lvere* (Staubkatzen), auf Englisch *dust bunnies* (Staubhäschen), auf Spanisch *tamo* oder *pelusilla* (feiner Flaum), auf Portugiesisch *cotão* (ar. *qutun* Haar/ Flaum, frz. *coton* Baumwolle).

247. Port. *licenciar-se* bedeutet 'Examen machen/ das Studium beenden'; it. *licenziarsi* bedeutet (selbst) 'kündigen'.

248. Sp. *el cometa* ist der Komet, *la cometa* der Papierdrachen. Auf Französisch heißt der Drachen *cerf-volant* (fliegender Hirsch). Auf Italienisch sagt man entweder *aquilone* (großer Adler) oder auch fliegender Hirsch (*cervo volante*), auf Portugiesisch *papagaio*; einen Drachen steigen lassen: *volar (la) cometa/ echar* oder *hacer subir una cometa/ lancer un cerf-volant/ far volare l'aquilone/ lançar um papagaio.* Der englische Ausdruck lautet: *to fly a kite.*

249. Das längste italienische Wort hat 26 Buchstaben: *precipitevolissimevolmente.* Es bedeutet 'Hals über Kopf'.

250. *Ein Verdauungsschläfchen machen* heißt auf Italienisch *fare il chilo* (das Kilo machen).

251. *Den Schein wahren* heißt: frz. *sauver les apparences;* it. *salvare le apparenze,* sp. *salvar las apariencias,* kat. *salvar les aparences,* port. *manter as aparências,* engl. *to keep up appearances* (alle im Plural). *Der Schein trügt:* frz. *Les apparences sont trompeuses;* sp. *Las apariencias engañan;* kat. *Les aparences enganyen;* port. *As aparências iludem;* engl. *Appearances are deceptive* (alle im Plural). Aber im Singular it.: *L'apparenza inganna.*

252. Frz. *passer un savon à qn* und sp. *dar un jabón a alg.* (jdm. eine Seife geben) bedeuten: jdm. eine Zigarre verpassen/

jd. anschnauzen; dagegen heißt *dar jabón a alg.* (jdm. Seife geben) jdm. um den Bart gehen.

253. Die Aufforderung *Herein!* wird im Englischen, Französischen und Russischen durch Imperativformen ausgedrückt: *Come in!/ Entrez!/ Boŭðu(me)!* Im Spanischen und Katalanischen entweder durch ein Adverb oder einen Imperativ: sp. *¡Adelante!/ ¡Pase!,* kat. *Endavant!/ Paseu!/ Entreu!,* im Italienischen sowie im Griechischen durch ein Adverb: *Avanti!/ Εμπρός!* .

254. Port. *janela* (Fenster) kommt von vlat. *januella*, Diminutivform von *ianua* (Haustür), welches im Sardischen weiterlebt: *ianna* (Tür). Janus ist der römische Gott der Türen und Tore sowie des Jahresanfangs. Die meisten romanischen Sprachen setzen lat. *fenestra* fort: it./ kat. *finestra*, rät. *fanestra*, frz. *fenêtre*, rum. *fereastră*. Dass im Spanischen das alte Wort *hiniestra* durch *ventana* (eigentlich Entlüftungsloch, dann mit *viento*, Wind, in Beziehung gebracht) ersetzt wurde, hängt damit zusammen, dass es mit *hiniest(r)a* (Ginster, lat. *genesta*,) in Konflikt geriet. Die Folge war, dass auch dieses Wort ersetzt wurde, und zwar durch *retama* (aus dem Arabischen). Engl. *window* geht auf das altisländische Wort *windauga* (Windauge) zurück.

255. *En todas partes cuecen habas* (Überall kochen sie Saubohnen) sagt man auf Spanisch, um auszudrücken, dass überall mit Wasser gekocht wird. Auf Italienisch, Französisch und Portugiesisch, sagt man, dass man dort auch keine Wunder wirkt: *Nemmeno là si fanno miracoli/ Là, ils ne font pas de miracles non plus/ Ali também não se fazem milagros.*

256. Ein *Schaumschläger* ist im Italienischen ein *venditore di fumo* (Rauchverkäufer).

257. Dt. *Käse* leitet sich von lat. *caseu(m)* ab. Ebenso sp. *queso*, port. *queijo* und it. *cacio*. Das andere italienische Wort für Käse, *formaggio*, geht auf vlat. *formaticu(m)* (zu ergänzen: *caseu(m)* zurück, das eigentlich 'in einer Form hergestellter Käse' bedeutet. Bei dem französischen Wort *fromage* liegt Metathese (Lautumstellung) vor (früher *formage*).

258. *Gratte-cul* (Arschkratzer) heißt auf Französisch die *Hagebutte*. In der Pfalz gibt es die Ausdrücke Arschkitzel/ Arschkratzel. Die Bezeichnung soll daher kommen, dass man früher Hagebutten als Mittel gegen Blasen- und Nierenleiden aß. Die nicht verdauten haarigen Kerne verursachten Afterjucken. Im Spanischen gibt es den umgangssprachlichen Ausdruck *tapaculo* (Arschverstopfer).

259. *Gänsehaut haben* heißt it. *avere la pelle d'oca* (wie im Deutschen), BE *to have goose pimples* (Gänsepickel)/ *goose flesh* (Gänsefleisch)/ AE *goose-bumps* (Gänsehubbel), sp. *tener la carne/ la piel de gallina* (Hühnerfleisch/-haut), port. *ficar com pele de galinha* (Hühnerhaut), frz. *avoir la chair de poule* (Hühnerfleisch).

260. Der Ausdruck *Probieren geht über Studieren* wird im Italienischen durch *Val più la pratica che la grammatica* (Die Praxis ist mehr wert als die Grammatik) wiedergegeben. Die englische Entsprechung lautet: *The proof of the pudding is in the eating.*

261. Das im Lateinischen maskuline *flore(m)* (Blume; Nominativ *flos*) ist nur im Italienischen und Sardischen maskulin geblieben: *il fiore/ su fiore*. In allen anderen romanischen Sprachen ist es feminin: sp./ kat. *la flor*, port. *a flor*, frz. *la fleur*, rum. *floarea*.

262. Eine Portugiesin, die einen großen Patriotismus hat (*ter um grande patriotismo*) hat einen großen Vorbau.

263. Das it. Adjektiv *cattivo* (schlecht) kommt von lat. *captivus* (Gefangener); abgeleitet von *captus*, dem Partizip Perfekt Passiv von *capere* (fangen). Die ersten Christen benutzten den Ausdruck *captivus diaboli* (Gefangener des Teufels, d.h. schlechter Mensch). Später fiel der Zusatz *diaboli* weg und *captivus* bezeichnete weiterhin einen schlechten Menschen.

264. *Geige spielen* heißt: engl. *to play the violin*, gr. παίζω βιολί (peso wioli), sp. *tocar el violín*, kat. *tocar el violí*, port. *tocar violino*, it. *suonare il violino* (alle mit direktem Objekt); mit präpositionalem Objekt: frz. *jouer du violon*, rum *a cînta* (= singen, von lat. *cantare*) *la vioárǎ*, russ. *играть на скрипке* (igrat na skripkje).

Lat, Flöte spielen *tibiā canere* (= singen; ablativus instrumentalis).

265. *Vedere e non toccare sono cose da imparare* (Sehen und nicht berühren sind Dinge, die man lernen muss) sagen italienische Mütter zu ihren Kindern, z.B. im Museum.

266. Lat. *salire* bedeutet 'hüpfen/ springen/ tanzen'; das von *salire* abgeleitete französische Verb *saillir* heißt 'bespringen/ decken', eine Bedeutung, die es auch im Lateinischen schon hat. Eine andere Bedeutung haben angenommen it. *salire* 'hinaufgehen/ hinaufsteigen' und sp. *salir* 'herauskommen/ hinausgehen'. Frz. *salir* 'beschmutzen', das von *sale* 'schmutzig' kommt, geht auf ein fränkisches Wort *salo* zurück, das 'trüb/ glanzlos' bedeutet.

267. Anstelle von *seis* (sechs) gebraucht man in Brasilien sehr oft *meia*, das eine Abkürzung von *meia dúzia* (ein halbes Dutzend) ist.

268. Die romanischen Bezeichnungen für *Kirche* leiten sich alle von lat. *ecclesia* ab: frz. *église*, sp. *iglesia*, kat. *esglesia*, port. *igreja*, it. *chiesa*. Nur das Rumänische macht eine Ausnahme: *biserică* geht auf lat. *basilica* zurück. Das deutsche Wort und engl. *church* kommen von gr. *κυριακόν* (kyriakón), das 'dem Herrn gehörig(es Haus)' bedeutet.

269. Liegt im Lateinischen die Verbindung *cl, fl* oder *pl* vor, so verwandelt sich das *l* im Italienischen zu *i: clave(m) > la chiave* (der Schlüssel), *cludere (= claudere) > chiudere* (schließen), *claru(m) > chiaro* (klar), *claustru(m) > il chiostro* (der Kreuzgang/ das Kloster), *flore(m) > il fiore* (die Blume), *flamma(m) > la fiamma* (die Flamme), *flaccu(m) > fiacco* (müde/ matt), *plenu(m) > pieno* (voll), *plus > più* (mehr), *plangere* (sich als Zeichen von Trauer Brust und Arme schlagen) *> piangere* (weinen), *plovere* (klat. *pluere > piovere* (regnen), *planu(m) > piano* (flach/ eben).

270. *Jdn. duzen* heißt: frz. *tutoyer qn*, it. *dare del tu a qu*, sp. *tutear a alg/ tratar/ hablar de tú a alg*, EP *tratar alg. por tu*, ngr. *μιλάω στον ενικό σε κάποιον* im Singular zu jdm. reden). *Wir duzen uns*: frz. *on se tutoie*, it. *ci diamo del tu*, sp. *nos tuteamos*, EP *tratamo-nos por tu*, ngr. *μιλάμε στον ενικό* (Wir reden im Singular).

   *Jdn. siezen* heißt: frz. *vouvoyer qn*, it. *dare del Lei a qu*, sp. *tratar/ hablar de usted a alg.*, EP *tratar alg. por você*, ngr. *μιλάω στον πληθηντικό σε κάποιον* (im Plural zu jdm. reden). *Wir siezen uns*: frz. *On se vouvoie*, it. *Ci diamo del Lei*, sp. *nos tratamos de usted*, EP *tratamo-nos por você*. ngr. *μιλάμε στον πληθυντικό* (wir reden im Plural).

271. *Merde puissance treize!* (Scheiße hoch 13) sagt man auf Französisch zu jemandem, dem man die Daumen drückt/ Hals- und Beinbruch wünscht/ toi, toi, toi! sagt.

272. *Bredouille* kommt in dem französischen Ausdruck *revenir bredouille* vor mit der Bedeutung 'zurückkommen, ohne etwas gefangen oder erreicht zu haben'. *In der Bredouille sitzen* wird im Französischen durch *être dans le pétrin* (lat. *pistrinum* Mühle) wiedergegeben.

273. Die *Schuhe* heißen auf Spanisch *zapatos,* auf Portugiesisch *sapatos,* auf Katalanisch *sabates.* Im Französischen und im Italienischen sind *savates* und *ciabatte* Schlappen. *Ciabatta* wird auch das flache längliche Brot genannt. Auf Französisch heißen die Schuhe *chaussures/ souliers,* auf Italienisch *scarpe.*

274. Eine Französin, die ihr Kapital angegriffen hat (*qui a entamé son capital*), ist keine Jungfrau mehr.

275. It. *dogana*, frz. *douane*, sp. *aduana* (Zoll) kommen aus dem Arabischen (*dīwān* Buch/ Register, in dem die Transitwaren aufgezeichnet wurden). Das portugiesische Wort *alfândega* geht auf ar. *al-funduq* (die Unterkunft für Händler) zurück.

276. It. *Non è farina del tuo sacco* (Das ist kein Mehl von deinem Sack) bedeutet: Das ist nicht auf deinem Mist gewachsen. Auf Spanisch sagt man: *Eso no es de tu propia cosecha* (Das ist nicht von deiner Ernte); auf Französisch: *Ce n'est pas de ton cru* (Das ist nicht von deinem Weinberg), auf Englisch: *it didn't come out of your head*, fast ebenso auf Portugiesisch: *Isso não pode ter saído da tua cabeça* (Das kann nicht aus deinem Kopf gekommen sein).

277. Der umgangssprachliche spanische Ausdruck *casarse por detrás de la iglesia* (hinter der Kirche heiraten) bedeutet 'zusammenleben, ohne verheiratet zu sein', ebenso der französische *être marié derrière l'église* (hinter der Kirche verheiratet sein).

278. *Jours ouvrables* heißen in Frankreich die *Werktage*, nicht etwa, weil an diesen Tagen die Geschäfte geöffnet sind (Volksetymologie), sondern weil gearbeitet wird. Zugrunde liegt das Verb *ouvrer* (arbeiten), das auf spätlateinisches *operare* zurückgeht (vgl. *ouvrier* Arbeiter).

279. *Eccole, le salvatrici del Campidoglio* (Da sind sie, die Retterinnen des Kapitols), sagte der italienische Polizist, als er zwei Frauen bei Rot langsam über die Straße gehen sah. Er wollte nicht *oche* (Gänse) sagen. Sprachwissenschaftlich ausgedrückt liegt hier eine Antonomasie (= Umschreibung von Eigennamen durch besondere Kennzeichen/ Eigenschaften) vor. Weitere Beispiele: *die Eiserne Lady* = Margaret Thatcher, *the King of Pop* = Michael Jackson, *a Cidade Maravilhosa* (die wunderbare Stadt) = Rio de Janeiro, *il Poverello d'Assisi* = der heilige Franziskus von Assisi.

Auch die umgekehrte Erscheinung (Eigenname = Gattungsname): *Judas* = Verräter, *Casanova/ Don Juan* = Weiberheld, *Krösus* = reicher Mann.

280. *Das sind zwei Paar Schuhe/ Stiefel* heißt: it. *Questo è un altro paio di maniche;* frz. *C'est une autre paire de manches* (Das ist ein anderes Paar Ärmel).

281. Das lateinische Wort *casa*, das 'Hütte/ Häuschen' bedeutet, ist in den meisten romanischen Sprachen unverändert zum Normalwort für *Haus* aufgestiegen (port./ sp./ kat./ it. *casa/* rum. *casă*). Frz. *maison* geht auf lat. *ma(n)sione(m)* zurück,

das 'das Bleiben/ die Bleibe' bedeutet (von *man<u>e</u>re*, bleiben, abgeleitet). Spurlos ist *casa* jedoch nicht aus dem französischen Wortschatz verschwunden. Es lebt in *chez* weiter: *chez le médecin* (beim/ zum Arzt). Das Sardische, die
konservativste aller romanischen Sprachen, hat lat. *domus*
bewahrt (*domo*, f.).

282. Im Niederländischen bedeutet *kachel* 'Ofen'; die *Kachel*
heißt *de tegel* (lat. *tegula* Dachziegel).

283. Lat. <u>e</u>*dere* (mit kurzem *e* gesprochen) heißt *essen*; das
Kompositum *com<u>e</u>dere* bedeutet 'aufessen'. Es lebt im Portugiesischen und Spanischen als *comer* (essen) weiter. Frz.
*manger*, it. *mangiare*, kat. *menjar*, sard. *manicare*, rum. *a
mînca* sind von dem volkstümlichen lateinischen Verb *man-
ducare* abgeleitet, das 'kauen/ sich vollfressen' bedeutet
und das wahrscheinlich auf *manducus* (Vielfraß), eine komi-
sche Figur der antiken Stegreifkomödie, zurückgeht.

284. Aus lat. *bucca* (aufgeblasene/ vollgestopfte Backe) wird in
den romanischen Sprachen die Bezeichnung für *Mund*: it.
*bocca*, sp./ kat./ port. *boca*, frz. *bouche*. Die *Backe/ Wange*
heißt: lat. *gena*, it. *guancia* (germ. Herkunft), sp. *mejilla* (lat.
*maxilla* Kinnbacken), port. *bochecha* (unbekannte Herkunft)/
*face* (lat. *facies* Gesicht), frz. *joue* (wahrscheinlich vorröm.).
Aus lat. *coxa* (Hüfte) wird die Bezeichnung für *Oberschenkel*: it. *coscia*, port. *coxa*, frz. *cuisse,* kat. *cuixa,* Die *Hüfte*
heißt: it./ port. *anca*, frz. *'hanche* (germ. *hanka), sp. *cadera*.

285. *Feuerzeug* ist eines der Wörter, das in (fast) jeder romanischen Sprache anders lautet: frz. *briquet* (abgeleitet von
*brique* Stück; Stück Stahl, das man benutzte, um mit einem
Kieselstein Feuer zu machen), sp. *mechero* (abgeleitet von
*mecha* Docht), port. *isqueiro* (abgeleitet von *isca* Köder), it.
*accendino*, kat. *encenedor,* rum. *brichetă* (aus dem Französischen). Das italienische und das katalanische Wort sind

von *accendere/ encendre* (anzünden) abgeleitet wie das englische *lighter* von *to light.*

286. Die *Fledermaus* (eigentlich Flattermaus) heißt auf Französisch *chauve-souris* (kahlköpfige Maus), auf Italienisch *pipistrello* (von lat *vespertilio*, Ableitung von *vesper* Abend), sp. *murciélago* (Metathese von *murciégalo* eigentlich 'blinde Maus', lat. *mur(em) caecu(m)*, port. *morcego* (gleiche Etymologie), kat. *rata-pinyada*; rum. *liliác* (aus dem Bulgarischen *lilla*).

287. *Pfeife rauchen* heißt: it. *fumare la pipa*, sp. *fumar (en) pipa*, frz. *fumer la pipe*, engl. *to smoke/ have a pipe.* Nur das Portugiesische fällt aus der Reihe: *fumar cachimbo* (einer Bantusprache aus Angola entlehnt). *Die Friedenspfeife rauchen* heißt dagegen: frz. *fumer le calumet de la paix*, it. *fumare il calumet della pace.*

288. Der Ausdruck *Wenn man bedenkt, dass ...* heißt auf Italienisch *Se si considera che ...*, auf Spanisch *Si se considera que ...*

289. Frz. *renvoyer l'ascenseur à qn* (jdm. den Aufzug zurückschicken) bedeutet 'sich bei jdm. für eine Gefälligkeit bedanken/ sich revanchieren'.

290. Der Ausdruck *Tomaten auf den Augen haben* wird folgendermaßen wiedergegeben: it. *avere gli occhi foderati di prosciutto* (mit Schinken ausgeschlagene Augen haben), frz. *avoir de la merde dans les yeux* (Scheiße in den Augen haben)/ *avoir les yeux en face des trous* (die Augen vor den Löchern haben), sp. *tener telarañas en los ojos* (Spinnweben in den Augen haben).

291. Auf Italienisch werden *Comics fumetti* (Diminutivum von *fumo* 'Rauch' wegen der Sprechblasen) genannt, auf Französisch *bandes dessinées* (gezeichnete Streifen), so auch auf Portugiesisch *bandas desenhadas*. Der Comic für Kinder heißt im Spanischen *tebeo*, der für Erwachsene *cómic*. Der Name *tebeo* geht auf die Zeitschrift TBO zurück, die 1917 zum ersten Mal erschien. Möglicherweise verdankt sie ihren Namen einer lyrischen Zeitschrift aus dem Jahr 1909 mit dem Namen T.B.O.

292. *Il parle comme une vache espagnole./ Fala como uma vaca espanhola* (Er spricht wie eine spanische Kuh) sagt man auf Französisch und auf Portugiesisch von jemandem, der eine Sprache nur elendig radebrechen kann. Der ursprüngliche Ausdruck lautete *comme un Basque espagnol* (wie ein Baske Spanisch).

293. Im Deutschen *vertuscht* man einen Skandal. Im Italienischen und Französischen *erstickt* man ihn (*soffocare uno scandalo/ étouffer un scandale*); im Portugiesischen *verbirgt/ versteckt* man ihn (*encobrir/ esconder um escândalo*), so auch im Spanischen (*encubrir/ ocultar/ tapar un escándalo*).

294. *Otto volante* (fliegende Acht) oder *montagne russe* (russische Berge) wird im Italienischen die "Achterbahn" genannt. Ebenso (im Plural) frz. *montagnes russes*, (im Singular) sp. *montaña rusa*, port. *montanha russa*. Diese Attraktion tauchte im 16. Jh. in Russland auf. Zuerst handelte es sich um eine Konstruktion aus Holz, die ein Gefälle aufwies und im Winter mit Eis bedeckt war. Auf ihr rutschten die Leute in Sitzen aus Korbweide hinunter. Im 18. Jahrhundert wurden diese 'Schlitten' durch Wagen auf Schienen ersetzt. Zu Beginn des 19. Jahrhunderts wurden in Paris mehrere Karus-

sells dieses Typs unter dem Namen *montagnes russes* betrieben.

295. Der spanische Ausdruck *Cada uno tiene su manera de matar pulgas* (Jeder hat seine Art, Flöhe zu töten) bedeutet: Jeder nach seiner Art/ Jeder, wie er es will.

296. Das Wort *Sonne* fängt in allen romanischen, germanischen und slawischen Sprachen mit einem *s* an: port./ sp./ kat. *sol*, it. *sole*, rum. *soare*; frz.*soleil* (geht auf eine Diminutivform von lat *sol* (*soliculu*) zurück); engl. *sun*, niederl. *zon*, norw./ dän. *sol*; russ. *солнце*, kroat. *sūnc*, tsch. *slunce*, poln. *słońce*.

297. Die einzige romanische Sprache, deren Wort für *gestern* nicht lateinisches *heri* fortsetzt, ist das Portugiesische: *ontem* (it./ rum. *ieri*, frz. *hier*, rät. *her*, sp. *ayer*, kat. *ahir*). Es kommt von lat. *ad noctem* (in der Nacht/ in der vergangenen Nacht).

298. Auf Deutsch sagt man *Da liegt der Hund begraben/ Da liegt der Hase im Pfeffer*, auf Italienisch: *Qui casca l'asino* (Hier fällt der Esel)/ *Qui sta il busillis* (lat. *in diebus illis* in jenen Tagen. Herkunft: ein Schüler trennte den Ausdruck nach *in die* und fragte, was *bus illis* bedeute. Auf Französisch: *C'est là que gît le lievre* (Da liegt der Hase), auf Spanisch: *Ahí está el quid* (lat. was?)/ *el búsilis* oder *la madre del cordero* (die Mutter des Lamms), auf Portugiesisch: *Aí é que a porca torce o rabo!* (Dort krümmt die Sau den Schwanz)/ *Aí é que está o búsilis!*, auf Englisch:*That's the crux oft he matter.*

299. Während das Spanische, Katalanische, Französische, Italienische und Rumänische den Tag der Venus (*Veneris*

*die(m)* zum *Freitag* gemacht haben (*viernes/ divendres/ vendredi/ venerdì*, alle maskulin, v̱i̱neri feminin), gebraucht das Sardische einen von *coena pura* (reine Mahlzeit) abgeleiteten Ausdruck: *chenábura/ chenápura.* So nannten die Juden in Afrika den Freitag, weil sie an diesem Tag die Mahlzeit für den Samstag, ihren heiligen Tag, zubereiteten. Auf Griechisch heißt der Freitag *Παρασκευή* [paraskevi̱] (Vorbereitung). Die Portugiesen nennen den Freitag *sexta-feira* (sechster Wochentag).

300. Die *Grüne Minna* bezeichnet man im Italienischen umgangssprachlich als *maria maddalena*, standardsprachlich als *cellulare.* Im Französischen nennt man sie *panier à salade* (Salatkorb), im BE *Black Maria,* im AE *paddy wagon.* Der Ausdruck stammt noch aus der Zeit, in der *Paddies* - Iren – die amerikanische Polizei dominierten. Auf Russisch heißt dieses Polizeiauto 'Schwarzer Rabe' (*чёрный ворон*). *Minna* bzw. *Mina* war früher ein häufiger weiblicher Vorname; er ist die Kurzform von Willhelmine. Minna bedeutete 'Hausangestellte/ Dienstmädchen'. Jdn. zur Minna machen = jdn. unverhältnismäßig grob und heftig tadeln).

301. *Non si sputa nel piatto in cui si mangia* (Man spuckt nicht in den Teller, aus dem man isst) sagt man auf Italienisch, um auszudrücken, dass man nicht das eigene Nest beschmutzt.

302. Niederl. *lucifer* bedeutet 'Streichholz'. Die ursprüngliche Bedeutung ist 'Licht bringend' (lat. *lux*, Licht, und *ferre*, bringen), ähnlich wie it. *fiammifero* (lat. *flamma* Flamme). Auf Spanisch heißt das Streichholz *cerilla* (lat. *cera* Wachs) oder *fósforo*; so heißt es auch auf Portugiesisch. Frz. *allumette* ist von *allumer* (anzünden; lat. *lumen* Licht) abgeleitet. Auch kat. *llumí* kommt von *lumen*, daneben gibt es (fam.) *cerilla.* It. *cerino* ist ein Wachsstreichholz.

303. Ein Italiener, der hinter schwedischen Gardinen sitzt, *vede il sole a scacchi* (sieht die Sonne im Schachbrettmuster).

304. Die *Schlümpfe* heißen in Italien *puffi*, in Spanien *pitufos*, in Frankreich *schtroumpfs*, in Portugal *estrunfes*, in Brasilien *smurfs*, wie im Engl.

305. Der italienische Ausdruck *Piove sempre sul bagnato* (Es regnet immer aufs Nasse) hat zwei gegensätzliche Bedeutungen: 1. Der Teufel scheißt immer auf den größeren Haufen/ Wer hat, dem wird gegeben. 2. Ein Unglück kommt selten allein.

306. *Er hat eine Engelsgeduld* sagt man auf Deutsch; auf Italienisch sagt man: Er hat die Geduld eines Heiligen: *Ha la pazienza di un santo*, eines Hiob: *Ha la pazienza di Giobbe*, eines Karthäusers oder Benediktiners: *Ha la pazienza d'un certosino/ benedettino.*

307. Frz. *Appuyer sur le champignon* (auf den Pilz drücken) bedeutet 'auf die Tube drücken'. Das Gegenteil, d.h. Gas wegnehmen, drückt man aus mit *lever le pied.*

308. Wenn jemand sich zu viele Sorgen macht wegen einer Sache, die eventuell passieren könnte (*sich um ungelegte Eier kümmern*), sagt man auf Italienisch: *Si fascia la testa prima di r̲ompersela/ e̲ssersela rotta* (Er verbindet sich den Kopf, bevor er ihn sich zerbricht/ zerbrochen hat), auf Englisch: *Cross that bridge when you come to it* (Geh über die Brücke, wenn du zu ihr kommst).

309. Frz. *courir comme un dératé/ une dératée* (rennen wie einer/ eine, dem/ der man die Milz, *la rate*, entfernt hat), be-

deutet: wie ein Wilder/ eine Wilde rennen. Seitenstechen bekommen heißt: *attraper un point de côté.*

310.   Die einzige romanische Sprache, in der *cras,* das lateinische Wort für *morgen*, weiterlebt, ist das Sardische: *cras.*

311.   Im Vergleich zum Deutschen hat das Italienische in folgenden Fällen eine Anfangssilbe mehr: *affascinante* faszinierend, *affrancare* frankieren, *affresco* Fresco, *ammobiliato* möbliert, *appassionato* passioniert, *l'assolo* das Solo, *assortimento* Sortiment, *congratulazioni* Gratulation, *emicrania* Migräne, *impanare* panieren, *insalata* Salat, *ovatta* Watte.

312.   Die Bezeichnungen für *krank* lauten: port. *doente* (lat. *dolente(m)*, *dol̲e̲re* schmerzen), sp. *enfermo* (lat. *infirmu(m)* schwach); kat. *malalt*, frz. *malade*, it. *(am)malato* (in schlechtem Zustand), rum. *bolnav* (russ. *больной* [baln̲o̲i]). Für *krank werden* wird meist das Verb 'fallen' gebraucht: frz. *tomber malade*, sp. *caer* (od. *ponerse*) *enfermo* (od. *enfermar*), kat. *caure/ posar-se malalt* (od. *emmalaltir*), rum. *a cădea bolnav* (od. *a se imbolnăvi*); so auch engl. *to fall ill.* Das Portugiesische verwendet das Verb *ficar* (werden): *ficar doente* (od. *adoecer*). Im Italienischen existiert der Ausdruck *cadere ammalato*, der aber nur selten gebraucht wird. Stattdessen sagt man *ammalarsi.*

313.   *Académicien/enne* bezeichnet im Französischen nur das Mitglied einer Akademie, besonders der *Académie Française.* Er/ Sie ist Akademiker/-in wird durch *Il/ Elle a fait des études universitaires* wiedergegeben.

314.   Im Türkischen gebraucht man für *trinken* und *rauchen* dasselbe Wort: *içmek.*

315.  Lat *ius* bedeutet sowohl 'Brühe/ Suppe' (vgl. frz. *jus*, engl. *juice* Saft) als auch 'Recht'.

316.  Der spanische Ausdruck *tener diarrea mental* (geistigen Durchfall haben) bedeutet, dass jemand durcheinander ist, nicht klar denken kann.

317.  Der Ausdruck *sich zu viel vornehmen* wird im Italienischen durch *mettere troppa carne al fuoco* (zu viel Fleisch aufs Feuer legen) wiedergegeben. Auf Englisch sagt man: *to have too many irons in the fire* (zu viele Eisen im Feuer haben).

318.  Von lat. *basiare* (zärtlich küssen) kommen it. *baciare*, sp. *besar*, port. *beijar* alle mit der Bedeutung 'küssen'; frz. *baiser* bedeutet 'poppen'; küssen heißt *embrasser*, eigentlich umarmen). Lat *osculari* (küssen) ist von *osculum* (Mündchen) abgeleitet.

319.  Dem italienischen Sprichwort *La morte del lupo è la salute delle pecore* (Der Tod des Wolfes ist das Heil der Schafe) entspricht das deutsche Sprichwort: Des einen Freud, des anderen Leid. Auf Französisch sagt man: *Le bonheur des uns fait le malheur des autres* (Das Glück der einen macht das Unglück der anderen), auf Englisch: *One man's meat is another man's poison* (Das Fleisch eines Mannes ist das Gift eines anderen Mannes).

320.  *Einen Silberblick haben* heißt auf Italienisch *avere il vezzo/ lo strabismo di Venere* (das Schielen der Venus haben). Auf Französisch sagt man *avoir une coquetterie dans l'œil* (eine Koketterie im Auge haben).

321. Frz. *vélo* (Fahrrad) ist das Kurzwort von *vélocipède* (von lat. *veloci pede* mit schnellem Fuß); велосипед ist im Russischen das Wort für Fahrrad.

322. *Ghetto* ist eine kleine Insel der Stadt Venedig, wo die Juden von 1516-1797 verbannt waren. Für die Herkunft des Wortes *ghetto* gibt es hauptsächlich zwei Erklärungen: Nach der einen gehe der Name auf eine ehemalige Gießerei zurück (*ghèto* bedeutet im Venezianischen *getto*, Gießen/ Guss), nach der anderen hänge er mit dem chaldäischen Wort *get* zusammen, das Scheidebrief bedeutete.

323. *Kapelle* (it. *cappella*, sp. *capilla*, port. *capela*, frz. *chapelle*) kommt von mlat. *capella*, dem Diminutivum von *ca(p)pa* (Umhang/ Mantel) Ursprünglich war es nur ein kleiner Raum, in dem der Mantel des heiligen Martin von Tours aufbewahrt wurde. Daraus wurde später der allgemeine Begriff für das Gebäude. Der Begriff *Kapelle* (Orchester, das Unterhaltungs- und Tanzmusik spielt) kommt aus dem Italienischen (*cappella*) mit der Bedeutung 'Gruppe von Musikern und Chorsängern, die Stücke geistlicher Musik in Kapellen vortragen'.

324. Wenn man im Italienischen von einer Person sagt, dass sie die Schläge verliert (*perdere i colpi*), so meint man, dass sie geistig und körperlich nachlässt.

325. Die *Sackgasse* heißt auf Italienisch *vicolo cieco* (blinde Gasse), auf Französisch *cul-de-sac* (Sackende) neben *voie sans issue* (Weg/ Straße ohne Ausgang), auf Portugiesisch *beco sem saída* (Gasse ohne Ausgang), auf Englisch *dead end* (totes Ende), aber man benutzt auch den französischen Ausdruck.

326. Sagt man im Portugiesischen von jemandem, dass er das Messer und den Käse in der Hand hat (*ter a faca e o queijo*

*na mão),* so drückt man damit aus, dass gegen ihn nichts zu machen ist/ dass er alle Trümpfe in der Hand hält.

327.  *In die Sauna gehen* heißt: it. *andare a fare la sauna,* port. *ir fazer uma sauna,* frz. *aller au sauna,* auf Spanisch *ir a la sauna,* engl. *to go for a sauna/ to have/ take a sauna* .

328.  Die zeremonielle Umarmung, z.B. zwischen Staatsmännern (z.B. de Gaulle u. Adenauer) nennt man auf Französisch *accolade,* das auch 'geschweifte Klammer' bedeutet. *Donner l'accolade à qn* bedeutet jdn. feierlich umarmen.

329.  Außer rät. *cudesch* (lat. *codex*) und rum. *carte* (lat. *charta*) gehen alle Bezeichnungen für *Buch* auf lat. *libru(m)* zurück: port. *livro,* sp. *libro,* kat. *llibre,* frz. *livre,* it. *libro.*

330.  Das längste französische Wort ist *anticonstitutionnellement.* Es hat neun Silben und 25 Buchstaben und bedeutet verfassungswidrigerweise.

331.  Der Begriff *Salamitaktik* wird im Italienischen durch *politica del carciofo* (Artischockenpolitik) ausgedrückt.

332.  Im Spanischen bedeutet die Aussage *Hay moros en la costa* (Es sind Mauren an der Küste), dass Gefahr in Verzug ist. Die portugiesische Entsprechung lautet: *Anda mouro na costa.* Die Redewendung geht auf die Zeit zurück, in der arabische Piraten von Nordafrika aus spanische und portugiesische Küsten angriffen, plünderten, alles zerstörten und außerdem Gefangene machten, um Lösegeld zu erpressen oder sie als Sklaven zu verkaufen.

333. Im Deutschen liegt einem ein Wort *auf* der Zunge; im Portugiesichen hat man ein Wort *unter* der Zunge (*ter uma palavra debaixo da língua*) oder auf der Zungenspitze (*ter uma palavra mesmo na ponta da língua*). So auch im Spanischen: *tengo la palabra en la punta de la lengua*, im Italienischen: *Ho la parola sulla punta della lingua*, im Französischen: *J'ai le mot sur le bout de la langue*, im Englischen: *The word is on the tip of my tongue.*

334. Das italienische Wort *aceto* (lat. *acetum*, von *ac̲escere*, sauer werden, zu ergänzen *vinum*, sauer gewordener Wein) bedeutet 'Essig'; das spanische Wort *aceite* bedeutet 'Öl' (Es kommt aus dem Arabischen).

335. Das Wort *Vokal* ist in allen romanischen Sprachen feminin: sp./ kat. *la vocal*, it. *la vocale*, rum. *vocala* (ohne Artikel *vocală*), port. *a vogal*, frz. *la voyelle*. Ebenso der *Konsonant*: sp./ it. *la consonante*, kat. *la consonant*, port. *a consoante*, rum. *consoana* (ohne Artikel *consoană*).

336. Das "Gegenstück" zu *Eidam* (Schwiegersohn) ist *Schnur* (Schwiegertochter).

337. Der it. Ausdruck *andare dove il re non manda ambasciatori* (dahin gehen, wo der König kei-ne Botschafter hinschickt) bedeutet 'dahin gehen, wo auch der Kaiser zu Fuß hingeht'. *Devo andare in quel posticino* bedeutet: 'Ich muss mal wohin'.

338. Während im Französischen das Verb *aller* (gehen) + Infinitiv eine unmittelbar bevorstehende Zukunft ausdrückt, wird im Katalanischen das Verb *anar* (gehen) + Infinitiv zum Ausdruck einer abgeschlossenen Handlung verwendet: *Je vais écrire une lettre* (Ich werde einen Brief schreiben)/ *Vaig escr̲iure una carta* (Ich schrieb einen Brief).

339.   Mit dem italienischen Augmentativsuffix -*one*/ -*ona* charakterisiert man oft auf wenig schmeichelhafte Weise Zeitgenossen: *urlone* Schreihals, *ubriacone* Säufer. *guardone* Spanner, *fifone* Angsthase, *spaccone* Angeber, *sporcaccione* Dreckschwein, *scroccone* Schnorrer, *sgobbone* Streber; *piagnona* Heulsuse, *stangona* Bohnenstange, *sciattona* Schlampe,

340.   Wenn Franzosen, Portugiesen oder Italiener über das Geschlecht der Engel diskutieren (*discuter sur le sexe des anges*/ *discutir sobre o sexo dos anjos*/ *discutere sul sesso degli angeli*), dann streiten sie um des Kaisers Bart.

341.   Als *campeona de natación* (Schwimmmeisterin) bezeichnet man umgangssprachlich im Spanischen eine Frau, die nichts vorn und nichts hinten hat (*nada por delante, nada por detrás*). Bei diesem Ausdruck wird mit den beiden Bedeutungen von *nada* gespielt: 1. nichts und 2. (sie) schwimmt.

342.   *Sich die Haare toupieren* heißt: frz. *se crêper les cheveux* (lat. *crispare capillum* das Haar kräuseln), it. *cotonarsi i capelli* (abgeleitet von *cotone* Baumwolle), sp. *cardarse el pelo* (abgeleitet von *carda* Karde = Vorrichtung, mit der die büscheligen Fasern des zu spinnenden Materials geglättet werden), EP *ripar*/ *riçar o cabelo*/ BP *eriçar os cabelos* (ohne Reflexivpronomen; abgeleitet von lat. *ericius* Igel), engl. *to backcomb one's hair*.

343.   Frz. *faire cul sec* (ex trinken), bedeutet wörtlich übersetzt: 'den Boden (eines Glases/ einer Flasche) trocken machen'.

344. Zwischenvokalisches *n* ist im Portugiesischen (normaler-weise) geschwunden: lat. *luna* > *a lua* (der Mond), lat. *rana* > *a rã* (der Frosch), lat. *lana* > *a lã* (die Wolle), lat. *sonare* > *soar* (klingen/ (er)tönen), lat. *moneta* > *moeda* (Münze); geht *n* ein *e* voraus, wird ein *i* eingeschoben: lat. *senu(m)* > *seio* (Brust/ Busen), lat. *arena(m)* > *areia* (Sand), lat. *vena(m)* > *veia* (Ader/ Vene). Wegen des geschwundenen *n* sind viele portugiesische Wörter kürzer als die entsprechenden spanischen.

345. Das deutsche Wort *Tasse* ist aus dem Französischen (*tasse*) übernommen. Dieses Wort, wie auch it. *tazza* und sp. *taza,* gehen auf das arabische Wort *tās(a)* zurück. Port. *chávena* leitet sich von chin. *chá* (Tee) ab und bezeichnete ursprünglich nur die Teetasse. Das in Brasilien übliche Wort *xícara* kommt von sp. *jícara* (Schokoladentässchen), das wiederum wahrscheinlich aus dem Aztekischen stammt. *Ceáşcă*, das rumänische Wort für Tasse, ist russ. *чашка* entlehnt, das wiederum von *чай* (Tee) abgeleitet ist.

346. Zwischen it. *fare festa a qu* und *fare la festa a qu* besteht ein gewaltiger Unterschied: Ersteres bedeutet 'jdn. herzlich begrüßen/ empfangen'; Letzteres 'jdn. um die Ecke bringen'.

347. In Paris nennt man die *Politessen* (offizielle Bezeichnung *contractuelles) pervenches* (*pervenche* Immergrün). Dieses Wort hat die frühere Bezeichnung *aubergines* wegen des Uniformwechsels verdrängt.

348. Port. *rapaz* (von lat. *rapax, rapacis* räuberisch/ jemand, der zum Stehlen neigt) bedeutet Junge/ junger Mann; *rapariga* Mädchen/ junge Frau. In Brasilien bedeutet *rapariga* Prostituierte.

349. Von der Farbe *azul* (Blau) sind das spanische und das portugiesische Wort für Fliese/ Kachel *azulejo* abgeleitet.

350. Der italienische Ausdruck *dare un colpo al cerchio ed uno alla botte* (einen Schlag auf den Reifen und einen auf das Fass geben) bedeutet 'es sich mit niemandem verderben wollen/ bei niemandem anecken wollen'. Der Ausdruck beschreibt die Arbeit des Böttchers. Ein Mensch, der sich so verhält, wird mit dem Neologismus *cerchiobottista* bezeichnet. Im Portugiesischen gibt es einen ähnlichen Ausdruck aus der Arbeit des Hufschmieds: *dar uma no cravo e outra na ferradura* (einen (Schlag) auf den Hufnagel geben und einen auf den Huf). Auf Französisch und Spanisch sagt man *nager entre deux eaux/ nadar entre dos aguas* (zwischen zwei Wassern schwimmen).

351. Wenn man sich verspricht, begeht man einen *Lapsus Linguae*; verschreibt man sich, so begeht man einen *Lapsus Calami* (lat. *calamus* Schreibrohr), spielt einem das Gedächtnis einen Streich, so liegt ein *Lapsus Memoriae* vor.

352. *Er/ Sie schiebt eine ruhige Kugel:* frz. *Il/ Elle se la coule douce*; it. *(Lui/ Lei) se la prende comoda*. Im *passé composé* lautet der Satz: *Il/ Elle se l'est coulé douce* (Partizip nicht verändert!). Im *passato prossimo* lautet der Satz: *(Lui/ Lei) se l'è presa comoda* (Partizip verändert).

353. *Zwischen zwei Orten pendeln* lautet: it. *fare il/ la pendolare/ la spola* (Weberschiffchen) *tra ... e ... ,* frz. *faire la navette* (Weberschiffchen) *entre et ...,* port. *viajar (todos os dias) entre ... e ...,* engl. *to commute between ... and ...*

354. Während der bestimmte Artikel der meisten romanischen Sprachen das lateinische Demonstrativpronomen *ille/ illa/ il-*

*lud* (jener/-e/-es) fortsetzt (it. *il libro*, sp. *el libro*, kat. *el llibre*, frz. *le livre*, port. *o livro*), geht der bestimmte Artikel des Sardischen auf das Intensivpronomen *ipse/ ipsa/ ipsum* (selbst) zurück: *su casu* der Käse, *sa domo* das Haus. Auch die balearischen Dialekte weisen diesen Artikel auf: *es cavall* das Pferd, *sa cuina* die Küche.

355. Das Katalanische ist die einzige romanische Sprache, die für *waschen* nicht das lateinische Verb *lavare* übernommen hat: kat. *rentar* (lat. *recentare* erfrischen/ mit Wasser abspülen); rum. *a spăla* kommt von der erschlossenen Form *\*experlavare*.

356. *Hier ruht* (auf Grabsteinen) heißt: lat. *Hic iacet*, frz. *Ci-gît* (Infinitiv: *gésir*, lat. *iacere* liegen)/ *Ici repose*, it. *Qui giace/ Qui riposa*, sp. *Aquí yace/ Aquí descansa*, kat. *Aquí descansa/ reposa*.

357. In Brasilien bezeichnet das Wort *violão* (Gitarre) in der Umgangssprache eine Frau mit runden Formen, breiter Hüfte und schmaler Taille.

358. Im Spanischen wird Popkorn *palomitas* (Täubchen) genannt.

359. Will man zu einem Spanier sagen, er soll kein Frosch sein, so sagt man ¡*No seas gallina!* (Sei kein Huhn/ keine Henne!).

360. Der Ausdruck *Das ist nicht das Gelbe vom Ei* wird folgendermaßen wiedergegeben: port. *Não é nada do outro mundo*, sp. *No es nada del otro mundo* (Das ist nichts von der anderen Welt), it. *Non è proprio il massimo/ meglio* (Das ist nicht gerade das Größte/ Beste), frz. *Ça ne casse pas des/ les briques* (Das zerbricht keine Ziegel/ Backsteine).

361. Einem Franzosen fettet man die Pfote, wenn man ihn schmiert (*On lui graisse la patte*). Herkunft des Ausdrucks: Die Kirchen erhielten den Zehnten vom Verkauf des Schweinefleischs. Um diese Gebühr einfacher einziehen zu können, ließ das Kapitel von Paris den Schinkenmarkt auf dem Vorplatz von Notre-Dame abhalten. Um zu erreichen, dass die Kommissare, die die Aufsicht führten, weniger aufmerksam und streng waren, legten die Verkäufer ihnen ein Stück Speck in die Hand: Sie fetteten ihnen buchstäblich die Pfote. Einen fast identischen Ausdruck gibt es im Englischen: *to grease sb's palm* (jds. Handfläche fetten), im Portugiesischen: *untar as mãos/ unhas a alg.* (jdm. die Hände/ die Nägel fetten).

362. *Sembra uscito dallo scatolino* (Er scheint aus dem Schächtelchen herausgekommen zu sein) sagt man auf Italienisch, wenn jemand 'wie aus dem Ei gepellt' ist. Dieser Ausdruck wird im Spanischen und Portugiesischen durch *estar de punta en blanco/ de ponto em branco* wiedergegeben. Herkunft: Wenn Ritter in eine Schlacht oder ein wichtiges Turnier gingen, trugen sie Waffen, die *armas de punta en blanco* (Waffen mit einer weißen Spitze) genannt wurden. Sie waren geschliffen und spitz und bestanden aus poliertem Stahl, so dass sie in der Sonne glänzten. Der französische Ausdruck lautet: *être tiré à quatre épingles* (mit vier Stecknadeln gespannt/ befestigt sein). Herkunft: Früher wurde das von Frauen getragene Schultertuch mit vier Stecknadeln befestigt, damit es gut saß und möglichst wenige Falten warf.

363. Im Deutschen wirft man als Zeichen der Aufgabe das *Handtuch*, im Italienischen und im Französischen dagegen den Schwamm (*gettare la spugna/ jeter l'éponge*). Im Englischen und im Spanischen wirft man den Schwamm oder das Handtuch (*to throw in the sponge/ towell arrojar la esponja/ toalla*).

364. *Fingerspitzengefühl haben* wird im Portugiesischen durch *ter olhos nas pontas dos dedos* (Augen in den Fingerspitzen haben) ausgedrückt. Auf Französisch sagt man: *avoir du doigté*.

365. Frz. *la potence* bedeutet 'der Galgen'; *die Potenz* heißt dagegen *la puissance sexuelle* oder *la virilité*.

366. Für *nahe bei* hat jede romanische Sprache einen eigenen Ausdruck: frz. *près de*, it. *vicino a*, sp. *cerca de*; port. *perto de*, kat. *prop de*, rum. *aproape de* (wobei die letzten beiden sich von lat. *prope* ableiten). Die Entsprechungen von *fern von* lauten: frz. *loin de*, kat. *lluny de*, sp. *lejos de*, it. *lontano da*, port. *longe de*.

367. Die Redewendung *ein Loch aufreißen, um ein anderes zu stopfen* lautet auf Italienisch: *aprire un buco per chiuderne un altro* (ein Loch öffnen, um ein anderes zu schließen) oder *scoprire un altare per ricoprirne un altro* (einen Altar abdecken, um einen anderen zu decken). Auf Englisch sagt man: *to rob Peter to pay Paul* (Petrus bestehlen, um Paulus zu bezahlen), auf Französisch und Portugiesisch: *déshabiller Pierre pour habiller Paul/ despir Pedro para vestir Paulo* (Petrus ausziehen, um Paulus anzuziehen) oder wörtlich: *abrir um buraco para tapar outro*.

368. Sp. *estación* und port. *estação* bedeuten nicht nur 'Bahnhof', sondern auch 'Jahreszeit'. Sie kommen, wie auch it. *stazione* (Bahnhof) und *stagione* (Jahreszeit), von lat. *statione(m)* (das Stehen/ der Standort). Während engl. *station* (Bahnhof) von demselben Etymon kommt, gehen engl. *season* und frz. *saison* (Jahreszeit) auf lat. *satione(m)* (Aussaat, zu *serere, sero, sevi, satum* säen) zurück.

369. Dt. *Lärm* ist die gekürzte Form von Alarm (Aphärese = Ab-stoßung von Lauten im Anlaut), das von dem italienischen Ruf *all'arme!* (zu den Waffen!) abgeleitet ist. Dabei ist *arme* der alte Plural von *arma*. Im heutigen Italienisch lautet der Plural von *l'arma* (die Waffe) *le armi*. Im Italienischen schreibt man *allarme* und *allarmare* mit zwei *l*, im Französi-schen mit einem (*alarme, alarmer*).

370. Die einzige romanische Sprache, in der das Wort *Hand* maskulin ist, ist das Rätoromanische: *man/ maun; il man dret* (die rechte Hand).

371. *Ils sont à ramasser à la petite cuillère/ Sono da raccattare/ raccogliere col cucchiaino* (Sie sind mit dem Kaffeelöffel aufzusammeln) sagt man auf Französisch und Italienisch, wenn z.B. Schüler nach einer langen Wanderung fix und fertig sind.

372. Im Deutschen schläft man *wie ein Murmeltier*. Im Italie-nischen, Spanischen und im Französischen schläft man wie ein Siebenschläfer: *dormire come un ghiro/ dormir como un lirón/ dormir comme un loir;* wie ein Stein im Portu-giesischen: *dormir como uma pedra*, wie ein Baumstamm/ Klotz im Englischen: *to sleep like a log*.

373. Als *langue verte* (grüne Sprache) bezeichnet man im Fran-zösischen die Gaunersprache.

374. Die Aufforderung *Mund halten!/ Nichts verraten!* wird im Italienischen durch *Acqua in bocca!* (Wasser im Mund), im Französischen durch *Motus (et bouche cousue!)* (und zuge-nähter Mund) wiedergegeben. Dabei handelt es sich um eine Latinisierung von *mot*. Im Spanischen wird sie durch *¡De es-to ni mu!* (darüber nicht einmal muh!), im Portugiesischen

durch *Bico calado!* (gehaltener Schnabel!), im Englischen durch *Mum's the word!* (Mmm ist das Wort) ausgedrückt.

375. In den romanischen Sprachen wird der Ausdruck *den Zug verpassen* durch den Zug 'verlieren' wiedergegeben: it. *perdere il treno*, sp. *perder el tren*, kat. *perdre el tren*, EP *perder o comboio*/ BP *perder o trem*, rum. *a pierde trenul*, mit Ausnahme des Französischen: *manquer/ rater le train*. Engl. *to miss the train*.

376. *Cavallone* (großes Pferd) nennt man auf Italienisch einen Brecher/ eine große Welle. Außerdem bezeichnet dieses Wort einen Trampel/ Tollpatsch. In der femininen Form (*cavallona*) bezeichnet es eine Walküre (große, stattliche, blondhaarige Frau).

377. Der umgangssprachliche spanische Ausdruck *tocarse los cojones* (sich an die Eier fassen) bedeutet 'nichts tun'. Er kann auch auf eine Frau angewandt werden! *Todo el mundo trabajando y tu cuñadita tocándose los cojones* (Alle arbeiten und deine liebe Schwägerin steht faul rum).

378. Der italienische Esel macht *ih oh!*, der französische *hi-han*, der spanische *¡ía!*, der englische *heehaw*.

379. Französische Schüler brachen immer wieder in Gelächter aus, wenn ihre englische Lehrerin sagte: *Je repète* [Rəpɛt] statt: *Je répète* [Repɛt]. Nach dem Grund gefragt, erging es ihrer französischen Kollegin genauso, denn: Erstere Aussage bedeutet 'Ich furze noch einmal', letztere 'Ich wiederhole'.

380. Die *Adria* heißt auf Italienisch *l'Adriatico*. Das Adriatische Meer hat seinen Namen von der antiken Stadt *Atria* (auch

Hadria/ Hatria), heute Adria, die am Mündungsgebiet des Po in der Provinz Rovigo 21 km vom Meer entfernt liegt.

381.　Nach einem italienischen Sprichwort sind drei Dinge des Mannes Untergang: *Bacco, tabacco e Venere riducon(o) l'uomo in cenere* (Wein, Weiber und Tabak bringen jeden Mann ins Grab; wörtl.: Bachus, Tabak und Venus verwandeln den Mann in Asche).

382.　Im Französischen lebt man von Liebe und frischem Wasser (*vivre d'amour et d'eau fraîche*), während man im Deutschen von Luft und Liebe lebt.

383.　So wie die dt. Präposition *während* ursprünglich ein von dem Verb *währen* abgeleitetes Partizip Präsens ist, so ist auch sp./ port./ it. *durante* und frz. *durant* ein von *durar, durare* bzw. *durer* abgeleitetes Partizip Präsens (lat. *durante(m)*. Engl. *during* geht auf frz. *durant* zurück. Während der Ferien: sp. *durante las vacaciones*; it. *durante le vacanze*; frz. *durant les vacances* (Schriftsprache; sonst *pendant les vacances*); port. *durante as férias*; engl. *during the holidays/ AE vacation*. Frz. *durant* kann auch dem Substantiv folgen: *durant trente ans/ trente ans durant* (dreißig Jahre lang). Auch der Vorname des größten italienischen Dichters *Dante Alighieri* geht auf *durante* (mit der Bedeutung: Der Junge möge ausdauernd sein, z.B. im Glauben.) zurück. *Pendant* kommt von *pendente*, dem Ablativ des Partizip Präsens von lat. *pendere* (hängen), Es bedeutet 'hängend/ schwebend/ noch unentschieden' (Terminus der Gerichtssprache).

384.　Dass in frz. *famille* (Familie) *j*, in *tranquille* (ruhig) aber *l* gesprochen wird, rührt daher, dass Ersteres auf lat. *familia*, Letzteres auf *tranquillu(m)* zurückgeht.

385. In der lateinischen Asterix-Übersetzung wird *Ils sont fous, les Romains!* (Die spinnen, die Römer!) durch *Delirant isti Romani!* wiedergegeben. Das Verb *delirare* ist von lat. *lira* (Furche) abgeleitet. Wenn der Bauer beim Pflügen *delirabat,* so kam er aus der Furche. In übertragenem Sinn bedeuten it. *delirare,* sp. *delirar,* frz. *délirer* wirres Zeug reden.

386. Nur das Deutsche gebraucht in dem Sprichwort *Gelegenheit macht Diebe* den Plural: frz. *L'occasion fait le larron,* it. *L'occasione fa l'uomo ladro,* sp. *La ocasión hace al ladrón;* kat. *L'ocasió fa el lladre;* port. *A ocasião faz o ladrão;* engl. *Opportunity makes a thief;* gr. *Η ευκαιρία κάνει τον κλέφτη.*

387. Im Vergleich zum Deutschen liegt in folgenden Verbindungen im Italienischen umgekehrte Wortstellung vor: Essig und Öl it. *olio e aceto;* Hammer und Sichel *falce e martello;* zwischen Hammer und Amboss sein *essere tra l'incudine e il martello;* weder Fisch noch Fleisch sein *essere né carne né pesce;* essen und trinken *bere e mangiare;* mit Leib und Seele *anima e corpo;* schwarzweiß *bianco e nero;* das Preis-Leistungs-Verhältnis/a *relazione qualità-prezzo;* süß-sauer *agrodolce;* Angebot und Nachfrage *domanda e offerta.*

388. Wenn ein Mädchen nicht zum Tanzen aufgefordert oder überhaupt ignoriert wird (Mauerblümchen), sagt man auf Italienisch und Französisch *Fa (da) tappezzeria/ Elle fait tapisserie* (Tapete).

389. Das Katalanische und das Portugiesische haben für das Wort *Erdbeere* kein von lat. *fragum* abgeleitetes Wort: *maduixa/ morango.* (sp. *fresa,* frz. *fraise,* it. *fragola,* rum. *fragă*).

390. Ein *undertaker* ist kein Unternehmer, sondern ein Leichenbestatter; ein Unternehmer ist ein *entrepreneur.*

391. Da Baskinnen als sehr schön gelten, gibt es im Spanischen die Redewendung *tener cara de vasca* (ein Gesicht wie eine Baskin haben). Als ein Spanier auf einer Hochzeitsfeier in Mexiko seiner mexikanischen Tischnachbarin ein Kompliment machen wollte und sagte *Señorita, usted tiene cara de vasca,* stand diese mit hochrotem Kopf auf und verließ den Raum. Sie kannte leider diese Redewendung nicht. In ihrer Sprache bedeutet *basca* (wie *vasca* ausgesprochen *vómito* (Erbrochenes); also verstand sie das Kompliment so: Sie haben ein Gesicht wie gekotzt.

392. Das Auto *Lada nova* ließ sich in Spanien nicht gut verkaufen, weil der Name als *Lada no va* (Lada fährt nicht) interpretiert wurde. Ein weiteres Beispiel dafür, dass man bei der Wahl eines Produktnamens vorsichtig sein muss: Mitsubishu brachte den Geländewagen Mitsubishi *pajero* auf den Markt, der aber in Spanien nicht der Renner war. Wer wollte schon einen Wagen mit dem Namen *pajero* (Wichser) fahren? Das haben die Verantwortlichen bei Mitsubishi zu spät festgestellt. Konsequenz: In spanischsprachigen Ländern und in Nordamerika wird das Auto unter dem Namen Montero verkauft.

393. Der *Lückenbüßer* heißt auf Italienisch *tappabuchi* (einer der Löcher zustopft); auf Französisch *bouche-trou;* auf Portugiesisch *tapaburaco* (einer, der ein Loch zustopft); auf Englisch *stopgap* (einer, der eine Lücke stopft); den Lückenbüßer spielen: *fare il tappabuchi/ jouer les bouche-trous/ (só) servir para tapar buraco/ to be used as a stopgap.* Herkunft des Wortes Lückenbüßer: einer, der Lücken ausbessert (alte Bedeutung von büßen = ausbessern/ ergänzen).

394. Einen *Spickzettel* nennt man im Französischen *antisèche* (zu *sécher* nicht wissen, eigentlich: auf dem Trockenen sit-

zen); im Spanischen *chuleta*, das auch Kotelett bedeutet; im Italienischen *bigliettino*; im EP *cábula*; im BP *cola*; im Englischen *crib (sheet)/ cheat sheet*. Der *Pons* (gekürzt aus mlat. *pons asinorum*, Eselsbrücke), der regional auch 'Schlauch' genannt wird, ist eine besonders bei Klassenarbeiten heimlich benutzte Übersetzung klassischer griechischer und lateinischer Autoren. Der in (Nord-)Italien gebräuchliche Ausdruck ist *bigino*.

395. Im Spanischen und im Italienischen hat man keine Haare auf der Zunge (*No tener pelos en la lengua/ Non avere peli sulla lingua*), wenn man kein Blatt vor den Mund nimmt.

396. Sp. *raro* bedeutet meist 'seltsam/ sonderbar/ außergewöhnlich', seltener 'selten': *una mujer muy rara* eine sehr seltsame Frau, *peinados raros* außergewöhnliche Frisuren, *un modelo raro* ein seltenes Modell, *raras veces* selten.

397. *Perpetua,* das italienische Wort für 'Pfarrhaushälterin', verdankt seine Herkunft der gleichnamigen Person, die in Alessandro Manzonis Roman *I promessi sposi* (Die Verlobten) dem Priester Don Abbondio den Haushalt führt.

398. Verwässert man im Italienischen, Französischen und Spanischen den Wein, so unterzieht man ihn einer religiösen Zeremonie: Man tauft ihn (*battezzare il vino/ baptiser le vin/ bautizar el vino*).

399. *Fa occhi alle pulci* (Er macht den Flöhen Augen) sagt man im Italienischen von jemandem, der bei jeder Art von Arbeit sehr geschickt ist.

400. Der meist ironisch gebrauchte italienische Ausdruck *È la ciliegina sulla torta* (Es ist das Kirschlein auf der Torte) bedeutet: Das setzt allem noch die Krone auf.

401. Frz. *avoir un rendez-vous chez le médecin* bedeutet: einen Termin beim Arzt haben; *sur rendez-vous* nach Vereinbarung. Das Rendez-vous muss durch *rendez-vous galant/ amoureux* wiedergegeben werden.

402. *Topo* heißt auf Italienisch 'Maus'; im Spanischen bedeutet es 'Maulwurf' (Erdaufwerfer), der auf Italienisch *talpa*, auf Französisch *taupe* und auf Portugiesisch *toupeira* heißt.

403. Der spanische Ausdruck *¡Otro/ Otra que tal baila!* (noch eine(r), der/ die so tanzt) weist auf eine Person hin, die einer anderen in negativer Hinsicht ähnelt: *¡Mírala, otra que tal baila! no para de fumar y está en la zona de no fumadores!* (Schau sie an, noch so eine von der Sorte! Sie raucht ständig und ist in der Nichtraucherzone!).

404. *Heia machen* heißt auf Französisch *faire dodo. Maintenant, on va faire dodo!*, sp. *¡Y ahora a la cama!* (Jetzt geht's ab in die Heia), auf Italienisch *fare la nanna. È ora di andare a nanna* (Es ist Zeit für die Heia) *Ninnananna* ist das Wiegenlied. Port. *fazer nana/ oó. Chegou a hora do oó!* (Es ist Zeit für die Heia!), *ir para a nana* (in die Heia gehen). Engl. *to go (to) bye-byes. Off to bye-byes!* (Ab in die Heia!).

405. Mit *un film strappalacrime* (ein Film, der Tränen entreißt) bezeichnet man im Italienischen eine Liebesschnulze.

406. Bei frz. *lendemain* (nächster/ folgender Tag) aus afrz. *l'endemain* (*en demain* am morgigen Tag) ist der bestimmte Artikel mit dem Substantiv zu einem Wort verschmolzen (Fachausdruck: Agglutination, 'Ankleben'). *Am folgenden*

*Tag* heißt *le lendemain.* Zu dieser Verschmelzung ist es im Italienischen und im Katalanischen nicht gekommen: *l'indomani/ l'endemà* (der folgende/ am folgenden Tag).

407.   Im Deutschen hat man Schwein, im Italienischen Arsch (*avere culo*), auf Französisch sagt man *avoir du pot* (Topf haben), wenn man (unwahrscheinliches) Glück hat.

408.   It. *Avere un'ugola d'oro* (ein goldenes Gaumenzäpfchen haben) gibt den deutschen Ausdruck 'Gold in der Kehle haben' wieder.

409.   Im Italienischen ist ein hervorragendes Gedächtnis aus Eisen (*avere una memoria di ferro*). Hat jemand ein sehr schlechtes Gedächtnis/ ein Gedächtnis wie ein Sieb, so sagt man umgangssprachlich von ihm: *Non si ricorda dal naso alla bocca* (Er/ Sie erinnert sich nicht von der Nase bis zum Mund).

410.   Die Übersetzung von *Mein Bauchgefühl sagt mir, dass ...* lautet: frz. *Mes tripes me disent que ...,* sp. *Mi instinto me dice que ...,* port. *O meu instinto diz-me que ...,* it. *Il mio istinto mi dice che ...,*e. *My gut feeling tells me that ...*

411.   Dem italienischen Ausdruck *menefreghismo* (Wurstigkeit/ Leck-mich-Mentalität), abgeleitet von *me ne frego* (ich pfeif/ scheiß drauf), dem Motto der Freischärler von Gabriele d'Annunzio, mit denen er gegen die Versailler Friedensverhandllungen Fiume, heute Rijeka, besetzte, entspricht frz. *je-m'en-foutisme,* abgeleitet von *je m'en fous* (Infinitiv: *foutre* ficken, lat. *futuere*).

412.   Das Wort *Blamage* gibt es im Französischen nicht. So eine Blamage! wird mit *Quelle honte!* (Was für eine Schande!) wiedergegeben.

413. *Hast du Bohnen in den Ohren?* heißt auf Französisch *T'as les portugaises ensablées?* (Hast du versandete Portugiesinnen?). In diesem Fall sind *portugaises* eine Austernart. Aufgrund ihrer Ähnlichkeit mit dem menschlichen Ohr ist dieser Argot-Ausdruck entstanden.

414. Obwohl lat. *magister* (Meister/ Lehrer) von *magis* (mehr) abgeleitet ist, verdient der Minister (lat. *minister*, Diener/ Untergebener, von *minus* 'weniger' abgeleitet) mehr als jener.

415. *Etwas Sinnloses tun* kann im Italienischen folgendermaßen ausgedrückt werden: *pestare l'acqua nel mortaio* (Wasser im Mörser zerstoßen), *raddrizzare le gambe ai cani* (den Hunden die Beine geradebiegen), *lavare la testa all'asino* (dem Esel den Kopf waschen), *portare vasi a Samo* (Gefäße nach Samos tragen/ Eulen nach Athen tragen), *portare legna al bosco* (Brennholz in den Wald tragen).

416. Das Verb *radebrechen* bedeutet ursprünglich 'auf dem Rad die Glieder brechen'. Auf eine Sprache bezogen bedeutet es, sie zu malträtieren. *Gebrochen Deutsch sprechen*: lt. *masticare* (kauen) *un po' di tedesco*, sp. *chapurr(e)ar* (Herkunft unbekannt) *el alemán*, port. *arranhar* (zerkratzen) *o alemão*, frz. *baragouiner l'allemand.* Dieses Verb kommt vielleicht vom bretonischen *bara gwin*, das 'Brot (und) Wein' bedeutet. Mit diesen Worten baten bretonische Pilger in den Herbergen um Gastfreundschaft. Auf Englisch sagt man *to speak broken German.*

417. Wie *Dietrich* eine scherzhafte Übertragung des Vornamens auf einen Nachschlüssel ist (vielleicht Anklang an Dieb), so geht seine italienische Entsprechung *grimaldello* auf den früher häufigen Namen *Grimaldo* zurück. Weiteres Beispiel für eine Übertragung: *Jemmy*/AE *jimmy* (Koseform für *James*) ist der Name für ein von Dieben benutztes Brecheisen. Auf Englisch heißt der Dietrich *skeleton key* (Skelettschlüssel), auf Französisch *rossignol* (Nachtigall). Auf-

schlussreich ist der lateinische Ausdruck für Nachschlüssel: *clavis adulterina* (Ehebrecher-Schlüssel).

418. *Rompere le scatole a qu* (jdm. die Schachteln zerbrechen) bedeutet im Italienischen 'jdm. auf die Nerven gehen'. Ursprung der Redensart: Es soll sich dabei um den von einem Kommandanten an seine Soldaten gerichteten Befehl handeln, die Schachteln, die die Patronen für die Gewehre enthielten, aufzubrechen, um feuerbereit zu sein. *Un/ Una rompiscatole* ist eine Nervensäge.

419. Mit *la douloureuse/ la dolorosa/ a dolorosa* (die Schmerzliche) bezeichnet man umgangssprachlich im Französischen, im Spanischen und im Portugiesischen die im Restaurant zu bezahlende Rechnung.

420. Wenn man im Spanischen Herrn Roca besucht (*visitar al señor Roca*), geht man auf die Toilette. *Roca* ist ein spanisches Unternehmen, das im sanitären Bereich tätig ist.

421. It. *giorni feriali* sind keine Feiertage, sondern Arbeitstage/ Werktage; *Feiertage* heißen *giorni festivi*. Frz. *jours fériés* sind Feiertage.

422. Der *Bummelstreik* wird im Italienischen *sciopero bianco* (weißer Streik), im Französischen *grève du zèle* (Diensteiferstreik), im EP *greve de zelo*, im Spanischen *huelga de zelo*, im BP *operação tartaruga* (Operation Schildkröte) genannt. Im BE heißt er *go-slow*, im AE *slowdown*.

423. Wenn spanische Kinder *eine Schippe/ Schnute ziehen* (ein weinerliches Gesicht machen), dann *hacen pucheros/ pucheritos,* italienische *fanno il muso lungo/ mettono il broncio,*

französische *ils font la moue,* portugiesische *fazem beicinho,* englische *they pout.*

424. *Einen Bierbauch haben* heißt auf Französisch *avoir les abdos Kro* (= *abdominaux,* Bauchmuskeln, Kro = Kronenburg, berühmtes Bier), auf Spanisch *tener barriga cevecera/ de cerveza,* auf Portugiesisch *ter barriga de cerveja,* auf Italienisch *avere il pancione da birra. Avere il pancione* bedeutet hochschwanger sein.

425. *Herr/ Frau Dingsbums* lautet auf Englisch: *Mr Whatshisname/ Miss (Mrs) Whatshername,* auf Spanisch: *el Señor fulano de tal/ la Señora fulana de tal,* auf Französisch: *monsieur Machin/ Chose/ madame Machin/ Chose,* auf Italienisch *il signor/ la signora coso.*

426. Die *Orange* (aus dem Persischen) heißt auf Italienisch *arancia,* auf Spanisch *naranja,* auf Portugiesisch *laranja,* auf Katalanisch *taronja,* auf Rumänisch *portocală* (aus ngr. πορτοκάλι entlehnt); dies aus it. *arancio di Portogallo* Orange aus Portugal). Auch türk. *portakal* ist eine Übernahme aus dem Griechischen. Im Russischen heißt die Frucht апельсин (Apfelsine, eigentlich Apfel aus China), im Niederländischen *sinaasappel.*

427. Das Wort *Ingwer* kommt ursprünglich aus dem Sanskrit und bedeutet der 'Hornförmige', nach der Form der Wurzel: engl. *ginger,* sp. *jengibre,* kat. *gingebre,* port. *gengibre,* frz. *gingembre,* it. z<u>e</u>nzero, gr. *ζιγγίβερη.*.

428. It. *andare con i piedi di piombo/* sp. *andar con pies de plomo* (mit bleiernen Füßen vorgehen) bedeutet: mit äußerster Vorsicht/ sehr behutsam vorgehen.

429. Die Übersetzung von *Blas die Kerzen aus und wünsch dir was* lautet: it. *Soffia sulle candele ed esprimi un desiderio*, *Souffle les bougies et fais un vœu*, sp. *¡Sopla las velas y pide un deseo!* BP *Sopre as velas e faça um desejo*; engl. *Blow out the candles and make a wish.*

430. Die Übersetzung von *riskant* lautet: rum. *riscánt*, frz. *risqué*, it. *rischioso/ arrischiato*, sp. *arriesgado/* Am. *riesgoso*, kat. *arriscat*, port. *arriscado.*

431. Die Redewendung *Man hätte eine Stecknadel (auf den Boden/ zur Erde) fallen hören können* wird wie folgt wiedergegeben: engl. (wie im Deutschen) *You could have heard a pin drop*, sp. *Se hubiera podido oír volar una mosca* (Man hätte eine Fliege fliegen hören können), frz. *on aurait entendu une mouche voler* (Man hätte eine Fliege fliegen hören), it. *non si sentiva volare una mosca* (Man hörte keine Fliege fliegen), port. *até se ouviam as moscas* (Man hörte sogar die Fliegen).

432. Das Sprichwort *Bescheidenheit ist eine Zier, doch weiter kommt man ohne ihr* wird im Italienischen durch *La modestia è una qualità, ma avanti non si va* (Bescheidenheit ist eine positive Eigenschaft, aber vorwärts kommt man nicht) ausgedrückt.

433. *Sie ist im fünften Monat schwanger* heißt auf Französisch: *Elle est enceinte de quatre* (vier!) *mois*. Korrekt ist auch: *Elle est dans son cinquième mois/au cinquième mois.*

434. Lat. *loqui* (sprechen) wurde in den romanischen Sprachen durch folgende Verben ersetzt: *fabulari/ fabulare* > rät. *favlar,* port. *falar,* sard. *faveddare*; sp. *hablar, parabolare* (in

Gleichnissen reden) > frz. *parler*, it. *parlare*; rum *a vorbi* (vermutlich slawischer Herkunft).

435. Mit *le quart d'heure de Rabelais* (Rabelais' Viertelstunde) bezeichnet man in Frankreich den Augenblick des Zahlens und im weiteren Sinne jeden unerfreulichen Augenblick. Herkunft des Ausdrucks: Auf seiner Rückreise von Rom wird der Schriftsteller in Lyon in einer Herberge festgehalten, weil er seine Rechnung nicht bezahlen kann. Da soll er in einer Ecke seines Zimmers gut sichtbar kleine Päckchen mit der Aufschrift: *Poison pour le roi, poison pour la reine* (Gift für den König, Gift für die Königin) deponiert haben. Als der Gastgeber diese entdeckt, erschrickt er und benachrichtigt die Gendarmerie, die Rabelais nach Paris bringt. Als der König ihn sieht, lächelt er und behält ihn zum Souper da.

436. Der *Rachenputzer* (scharfer Schnaps) tötet im Spanischen die Ratten (*el matarratas*), im Italienischen und Französischen verdreht er die Eingeweide (*il torcibudella/ le tordboyaux*), im Englischen lässt er die Eingeweide verfaulen (*rotgut*).

437. Im Deutschen sagt man *Sie ähneln sich wie ein Ei dem anderen*. Im Italienischen, Französischen, Spanischen und im Portugiesischen ähneln sie sich wie zwei Wassertropfen: *Si assomigliano come due gocce d'acqua./ Ils se ressemblent comme deux gouttes d'eau./ Se parecen como dos gotas de agua./ Parecem-se como duas gotas de água.* Der entsprechende englische Ausdruck lautet: *They are like two peas (in a pod)* (Sie sind wie zwei Erbsen (in einer Schote).

438. Die spanische und portugiesische Redensart *dar gato por liebre a alguien/ dar gato por lebre a alguém* (jdm. eine Katze statt eines Hasen geben) bedeutet: jdm. ein X für ein U

vormachen. Herkunft des Ausdrucks: X ist das römische Zahlzeichen für 10; U, das bis zum 10. Jahrhundert noch V geschrieben wurde, das römische Zahlzeichen für 5. Verlängerte man bei der Abrechnung das V nach unten, so erhielt man X, was einer Verdopplung des Betrags gleichkam. Auf Französisch sagt man: *faire prendre à qn des vessies* (Tierblasen, die man mit Luft gefüllt hat, die aber nicht leuchteten) *pour des lanternes* (für Laternen), auf Italienisch: *dare a(d) intendere lucciole per lanterne* (jdm, Glühwürmchen für Laternen einreden)/ *far vedere nero per bianco a qu* (jdm. weiß für schwarz zeigen).

439. *Rot*, auf die Haare und den Bart bezogen, heißt auf Französisch *roux/ rousse*, auf Portugiesisch *ruivo/ ruiva*. *Il a les cheveux roux/ Tem cabelos ruivos* (Er hat rote Haare), *une rousse/ uma ruiva*. (eine Rothaarige). Ansonsten heißt *rot* auf Frz. *rouge/* auf Portugiesisch *vermelho*, das sich von lat *vermiculus* (Würmchen) ableitet. Das Karmin (Farbstoff von kräftigem Rot) gewann man aus einem Wurm. Sp. *rubio* bedeutet 'blond'. Rote Haare haben heißt auf Spanisch *tener el pelo pelirrojo/ ser pelirrojo/a*, eine Rothaarige *una pelirroja*.

440. Frz. *chicorée* entspricht im Deutschen die Endivie und frz. *endive* entspricht im Deutschen der *Chicorée*.

441. *Ledig* heißt auf Italienisch *celibe* (vom Mann) und *nubile* (von der Frau). Den *Junggesellenabschied* nennt man *l'addio al celibato*, den *Junggesellinnenabschied l'addio al nubilato*

442. Eine englische *Naschkatze* hat einen süßen Zahn: *to have a sweet tooth*. Ich bin eine Naschkatze heißt: it. *Sono golosone/a*, sp. *Soy goloso/a*, frz. *Je suis gourmand/e*.

443. Die Feststellung *Geld (allein) macht nicht glücklich, aber es beruhigt* lautet: it. *Il denaro non fa la felicità (ma fa vivere tranquilli)* (aber es lässt ruhig leben), frz. *L'argent ne fait pas le bonheur*, sp. *El dinero no hace la felicidad, pero consuela mucho* (aber es tröstet sehr), port. *O dinheiro não faz a felicidade (mas ajuda muito)* (aber es hilft sehr), engl. *Money isn't everything, but it helps* (aber es hilft).

444. Die Norditaliener nennen die Süditaliener verächtlich *terroni* (Erdfresser), die Süditaliener die Norditaliener *polentoni* (Polentafresser).

445. Das Wort für *Frosch* beginnt in den meisten romanischen Sprachen mit *r:* it./ sp. *rana,* port. *rã,* rät. *rana/ rauna*, aber im Französischen heißt der Frosch *grenouille*, im Katalanischen *granota* (alle gehen aber auf lat. *rana* bzw. einer Ableitung davon zurück). Im Rumänischen heißt er *broască.*

446. Der Ausdruck *Er wusste nicht mehr ein noch aus* wird auf Französisch durch *Il ne savait plus à quel saint se vouer* (Er wusste nicht mehr, welchem Heiligen er sich widmen sollte) ausgedrückt. Ein armer Schüler oder Witzbold schrieb: *Il ne savait plus à quel sein se vouer* (Er wusste nicht mehr, welchem Busen er sich widmen sollte). *Saint* und *sein* sind Homophone.

447. *Ein Nickerchen machen* heißt: frz. *piquer un roupillon* (abgel. von dem mundartlichen Ausdruck *roupiller*, schnarchen), sp. *echarse una siestecita/ cabezadita/ un sueñecito,* it. *fare/ schiacciare un pisolino/ sonnellino,* port. *fazer/ dormir uma soneca*, im BP auch *tirar um cochilo* (afrikanischen Ursprungs), engl. *to have/ take a nap.*

448. Die Bezeichnungen für *sexuelle Belästigung* lauten: frz. *harcèlement sexuel*, sp. *acoso sexual*, port. *assédio sexual*, it. *molestie sessuali,* engl. *sexual harassment.*

449.. *Fresco* heißt im Spanischen nicht nur 'frisch', sondern auch 'frech'.

450. *Gros cul* (dicker Arsch) nennt man im Französischen den Brummi.

451. Die Übersetzungen von *die Katze im Sack kaufen* lauten: it. *comprare la gatta nel sacco*, port. *comprar nabos* (Rüben) *em saco; to buy a pig in a poke*, gr. *αγοράζω γουρούνι στο σακί* (ein Schwein im Sack kaufen). Im Französischen und im Spanischen kauft man mit geschlossenen Augen bzw. blind: *acheter les yeux fermés/ comprar a ciegas.*

452. *Lucciola* bedeutet im Italienischen nicht nur  'Glühwürm-chen', sondern auch 'Nutte'.

453. *Knopfloch* heißt auf Englisch *buttonhole*, auf Französisch *boutonnière*, auf Portugiesisch *casa de botão* (Knopfhaus). Von *ojo* bzw. *occhio* (Auge) abgeleitet sind die spanische und die italienische Entsprechung *ojal* und *occhiello* (be-deutet auch Öse); eine Nelke im Knopfloch tragen: engl. *to wear a carnation in the buttonhole*, frz. *porter un œillet à la boutonnière*, port. *usar cravo na casa de botão*, sp. *llevar un clavel en el ojal*, it. *portare un garofano all'occhiello.*

454. Der gute Rat, man soll sich nicht in Eheangelegenheiten einmischen, lautet auf Italienisch: *Tra moglie e marito non mettere il dito* (Leg zwischen Frau und Mann nicht den Fin-ger), Auf Portugiesisch sagt man: *Entre marido e mulher não metas a colher* (Steck zwischen Mann und Frau nicht den Löffel).

455. *Aus der Flasche trinken*, ohne sie am Mund anzusetzen, wird im Italienischen durch *bere a garganella*, im Französischen durch *boire à la regalade*, im Spanischen durch *beber al gallete* ausgedrückt.

456. *De doos* ist im Niederländischen der Karton/ die Schachtel; *het karton* ist die Pappe; die Dose heißt *het blikje*.

457. Eine *Haushaltshilfe* wird im Italienischen als *colf* (*collaboratrice familiare*, Familienmitarbeiterin) bezeichnet.

458. *Jdm. den Stinkefinger* (lat. *digitus impudicus* unzüchtiger Finger) *zeigen*: engl. *to give sb the finger/ the bird*, it. *alzare il dito medio*, EP *fazer um/ dar manguito/* BP *mostrar/ levantar o dedo médio/ dar banana para alg.*, sp. etwa: *hacer un corte de mangas a alg.* (Schlag mit der Kante der linken Hand auf die Beuge des rechten Arms), frz. *faire le doigt d'honneur/ un bras d'honneur à qn.*

459. It. *spaghetto* ist ein umgangssprachlicher Ausdruck für Angst: *Mi hai fatto prendere un bello spaghetto* (Du hast mir ganz schön Angst eingejagt).

460. Gr. *τριαντάφυλλο* [triandafilo] (Dreißigblatt) bedeutet Rose.

461. *Kinderkrankheiten* (anfängliche Schwierigkeiten) werden im Englischen *teething troubles* genannt (*to teethe* zahnen).

462. *Venerdì diciassette* (Freitag der Siebzehnte) gilt in Italien als Unglückstag, wie auch *venerdì tredici* (Freitag der Dreizehnte).

463. Der Ausruf *Ich Arme(r)!* wird folgendermaßen ausgedrückt: it. *Povero/a me!,* sp. *Pobre de mí!,* port. *Pobre de mim!,* lat. *Me miserum/ miseram!,* engl. *Oh dear!*

464. Die Oper *Zauberflöte* heißt auf Italienisch: *Il flauto magico,* auf Spanisch: *La Flauta Mágica,* auf Französisch: *la Flûte enchantée.*

465. In allen Wörtern, die die Epoche der *Aufklärung* bezeichnen, steckt das Wort 'Licht' : engl. *Enlightenment (light),* it. *illuminismo/* port. *iluminismo,* frz. *siècle des lumières* (lat. *lumen*), sp. *Ilustración* (lat. *lux*).

466. Das Substantiv *chère* in den Ausdrücken *aimer la bonne chère* (gern gut essen) und *faire bonne chère* (gut essen/ speisen) leitet sich von spätlat. *cara* (gr. κάρα Gesicht) ab. Bis ins 17. Jahrhundert bedeutete der Ausdruck 'ein schönes Gesicht machen/ einen schönen Empfang bereiten'. Von da war der Weg zu 'Mahlzeit' nicht mehr weit.

467. Das Wort *Anthologie* bedeutet wörtlich 'Blütenlese' (gr. ἄνθος Blume/ Blüte + λέγω lego, lesen/ sammeln). Seine (neu)lateinische Entsprechung lautet *florilegium.*

468. Bei dem Ausdruck *ein gutes Glas Wein* liegt Enallage (Vertauschung) vor. Das Adjektiv 'gut' bezieht sich inhaltlich nicht auf das Glas, sondern auf den Wein. Korrekt müsste es eigentlich heißen: ein Glas guter Wein oder (gehoben) ein Glas guten Wein(e)s.

469. Das *Kapitol* (in Rom und Washington) heißt auf Italienisch *Campidoglio.*

470. Die Übersetzung des Sprichworts *Gebranntes Kind scheut das Feuer* lautet: it. *Chi si è scottato teme il fuoco* (Wer sich verbrannt hat, fürchtet das Feuer)/ *Can scottato dall'acqua calda ha paura della fredda* (Ein von heißem Wasser verbrühter Hund hat Angst vor dem kalten), frz. *Chat échaudé craint l'eau froide* (Eine verbrühte Katze fürchtet kaltes Wasser), port. *Gato escaldado de água fria tem medo* (hat vor kaltem Wasser Angst), sp. *Gato escaldado del agua fría huye* (flieht vor kaltem Wasser), engl. *Once bitten, twice shy* (Einmal gebissen, zweimal scheu), gr. *Όποιος κάηκε στο χυλό φυσάει και το γιαούρτι* (Wer sich am Brei verbrannt hat, bläst auch in den Joghurt).

471. Frz. *un sourire en cul-de-poule* (ein Lächeln wie ein Hühnerarsch) ist ein verkniffenes Lächeln.

472. In Frankreich versteht man unter einer *praline* eine gebrannte Mandel (in Belgien eine Praline). Außerdem bezeichnet es in der Umgangssprache die Klitoris. Die *Praline* heißt *chocolat*.

473. *Tragaperras* (schluckt die Kohle/ den Zaster, mask. oder fem.) heißen in Spanien die 'einarmigen Banditen'.

474. Auf die unterschiedliche Schreibung im Französischen und Italienischen ist z.B. bei folgenden Wörtern zu achten: frz. *abandonner* it. *abbandonare* (verlassen), frz. *agressif* it. *aggressivo*, frz. *alarmer* it. *allarmare* (alarmieren/ beunruhigen), frz. *la comédie* it. *la commedia* (die Komödie), frz. *commode* it. *comodo* (bequem), frz. *commun* it. *comune* (gemeinsam), frz. *le drame* it. *il dramma* (das Drama), frz. *la pilule* it. *la pillola* (die Pille), frz. *raconter* it. *raccontare* (erzählen).

475. Die romanischen Bezeichnungen für *Querflöte* lauten: frz. *la flûte traversière*, sp. *la flauta travesera*, port. *a flauta transversal*, it. *il flauto traverso*. Die *Blockflöte* heißt auf Italienisch: *il flauto a becco* (Schnabel) oder *il flauto dolce* (die melodiöse Flöte), auf Französisch: *la flûte à bec/ la flûte douce* (wie im It.), auf Spanisch: *la flauta dulce* od. *de pico* (Schnabel), auf Portugiesisch *a flauta de bisel* (Kante). Auf Englisch heißt sie *recorder*.

476. Heidelberger Studenten schütteten sich aus vor Lachen, als ihr Portugiesisch-Lektor (mit Bedacht?) einen Kommilitonen den Konjunktiv Präsens des Verbs *ficar* (bleiben) aufsagen ließ: *fique, fiques, fique* ...

477. *Kettenbriefe* werden in Italien *catena di Sant'Antonio genannt*. Ursprünglich handelte es sich um eine Aufforderung zum Gebet, die der Empfänger an zwei weitere Personen weiterleiten musste. Tat er das nicht, wurde ihm ein schreckliches Unglück angedroht.

478. Das Wort *Doge* kommt von lat. *duce(m)* (Nom. *dux*, Führer). Ebenso *il Duce* (Mussolini), ebenso *il duca* (der Herzog). Hitler wird in italienischen Texten *il Führer* genannt.

479. Dass das französische Wort *femme* (Frau) [fam] ausgesprochen wird, liegt daran, dass die ursprüngliche Aussprache [fãmə] war, der *a*-Nasal aber aufgegeben wurde und so nur *a* gesprochen wurde. Auch *grammaire* (Grammatik) und *grand-mère* (Großmutter) wurden gleich ausgesprochen.

480. Die Redensart *Mühsam ernährt sich das Eichhörnchen* lautet auf Portugiesisch: *De grão em grão, enche a galinha o papo* (Von Korn zu Korn füllt das Huhn den Kropf), auf Fran-

zösisch: *Petit à petit, l'oiseau fait son nid* (Nach und nach baut der Vogel sein Nest).

481. Lat. *venenu(m)* (Gift) wird zu it. *veleno;* lat. *peregrinu(m)* (Fremder) zu it. *pellegrino* und frz. *pèlerin* (Pilger), lat. *arbor* (Baum) zu sp. *árbol.* Bei diesen Wörtern liegt Dissimilation (Entähnlichung) vor. Mit diesem Begriff bezeichnet man die Änderung eines von zwei gleichen oder ähnlichen Lauten in einem Wort.

482. Das *Trema* (*ü*) heißt auf Spanisch *crema* (oder *diéresis*).

483. *Tagliare la corda* (das Seil abschneiden) bedeutet im Ita-lienischen 'abhauen'. Herkunft: In der Sprache der Seeleute bedeutet *tagliare la fune* (das Seil) *salpare* (in See stechen/ auslaufen). Andere Erklärung: Die Ziege zerbeißt die Schnur und läuft davon.

484. *Lebensgefahr:* Wie im Deutschen: it. *pericolo di vita,* BP *perigo de vida;* 'Todesgefahr': frz. *danger de mort,* sp. *pe-ligro de muerte,* kat. *perill de mort,* gr. κίνδυνος θανάτου, auf Schildern: κίνδυνος θάνατος!, EP *perigo de vida/ de morte.*

485. Das letzte Wort im italienischen Wörterbuch ist *zuzze-rellone/ zuzzurullone* (Kindskopf).

486. Fragt(e) ein Engländer jemanden: *What's your poison?,* so will/ wollte er wissen, was für ein alkoholisches Getränk er wünscht.

487. *Jesuitas* (kleine Jesusse) wurden verächtlich die Gefolgs-leute von Ignatius von Loyola, dem Gründer des Jesu-itenordens, genannt.

488. Das Wort *paparazzo* geht auf die gleichnamige Person in dem Film *La dolce vita* (1960) von Federico Fellini zurück.

489. Wollte ein junger Mann zwecks bestimmter Absichten eine junge Frau in seine Wohnung einladen, so fragte er sie, ob sie seine 'Briefmarkensammlung' sehen wolle. Ein Franzose tat/ tut es mit den Worten: *J'ai une merveilleuse collection d'estampes japonaises. Vous n'avez pas envie de la voir?* (Ich habe eine wunderbare Sammlung japanischer Grafiken. Haben Sie keine Lust, sie zu sehen?)

490. Der *Karneval* heißt auf Englisch *carnival,* auf Spanisch und Portugiesisch *carnaval,* auf Italienisch *carnevale.*

491. Sp. *cardenal* bedeutet nicht nur 'Kardinal', sondern ist auch die Bezeichnung für einen 'blauen Fleck' (anderes Wort ist *moretón*; ein gehobener Ausdruck ist *equimosis*).

492. Folgende italienische Begriffe sind aus zwei Imperativ-formen gebildet: *il tira molla/ tiremmolla* das Hin und Her (wörtl.: zieh lass los), *usa e getta* Einweg-/ Wegwerf- (wörtl.: gebrauch und wirf weg, *la siringa usa e getta* die Einweg-spritze, *la società dell'usa e getta* die Wegwerfgesellschaft), *il gratta e vinci* das Rubbellos (wörtl.: kratz und gewinn), *il radi e getta* der Einwegrasierer (wörtl.: rasier und wirf weg) auch: *il rasoio usa e getta.* Der Ausdruck *il mordi e fuggi* (wörtl.: beiß und flieh/ lauf weg) bedeutet 1. Fastfood-Lokal 2. Technik der Stadtguerrilla, die in häufigen und schnellen Angriffen und plötzlicher Flucht besteht 3. adjektivisch ge-braucht: etwas, was sehr eilig durchgeführt wird: *una visita mordi e fuggi* ein Blitzbesuch. Und: *lecca lecca* (lecke lecke) ist der Lutscher/ Lolli.

493. Engl. *to exaggerate*, frz. *exagérer*, sp./ port./ kat. *exagerar*, rum. *a exagera*, it. *esagerare* 'übertreiben' liegt lat. *agger* (Erdwall/ Damm) zugrunde. Das davon gebildete Verb *exaggerare* bedeutet 1. einen Damm hoch aufhäufen, 2. besonders durch Worte vergrößern (eigentlich 'über den Damm hinausgehen').

494. Ein Franzose, der seine Pfeife zerbricht (*casser sa pipe*), gibt den Löffel ab. Auf Italienisch sagt man *tirare le cuoia*, wobei *cuoia* für Haut (eigentlich Leder, Sing. *cuoio*) steht. Gemeint sind die Muskelkontraktionen von Sterbenden. Gleiches Bild liegt im Spanischen vor: *estirar la pata* (die Pfote/ das Bein strecken).

495. Mit *mezzobusto* (Büste) bezeichnet man in Italien scherzhaft einen Fernsehansager.

496. Franzosen rollen auf Gold (*rouler sur l'or*), wenn sie in Geld schwimmen.

497. Die Frage *Haben Sie Feuer?* lautet auf Italienisch: *Ha da accendere?* (Haben Sie zum Anzünden?), auf Spanisch:*¿Tiene fuego?*, auf Französisch: *Avez-vous du feu?*, auf Portugiesisch: *Tem lume?*

498. It. *spalla* und frz. *épaule* bedeuten 'Schulter', sp. *espalda* ist der 'Rücken', die *Schulter* heißt *hombro* (lat. *umeru(m)*).

499. *Lavendel* heißt auf Portugiesisch *alfazema* oder *lavanda*. Letzteres bezeichnet im BP auch die 'Fingerschale' (kleine mit Wasser gefüllte Schale zum Reinigen der Fingerspitzen bei Tisch), im EP heißt sie *lavabo*. Frz. *rince-doigts* (*rincer* spülen), it. *lavadita*, sp. *enjuague* (*enjuagar* abspülen), engl. *finger bowl*.

500. *Träum süß!* heißt auf Italienisch: *Sogni d'oro!* (Goldene Träume!), auf Englisch und Spanisch: *Sweet dreams!/ ¡Dulces sueños!* (Süße Träume!), auf Französisch: *Fais de beaux rêves!* (Mach schöne Träume!), im BP:*Tenha um lindo sonho!* (Hab einen schönen Traum!).

501. *Schmiere stehen* (aus der Gaunersprache: jidd. *schmiro* Bewachung/ Wächter, zu hebr. *šamar* bewachen): it. *fare il/ da palo* (den Pfahl machen), frz. *faire le guet* (zu *guetter* auflauern)/ (fam.) *pet,* sp. *hacer de espía,* port. *estar/ ficar de atalaia* (Ausguck/ Wachturm)/ *estar de vigia* (Wache), engl. *to keep a look-out/ to be the look-out.*

502. *Kinder aufklären* heißt auf Italienisch: *dare un'educazione sessuale/ spiegare la sessualità ai bambini.* Die englische Entsprechung lautet: *to explain the facts of life to children/ to tell children the facts of life* (in der Schule: *to give children sex education*).

503. Der *Igel* ist im Englischen ein 'Heckenschwein' (*hedgehog*).

504. *Dauphin* nennt man im Französichen den Verfolger des Tabellenführers. Ursprünglich bedeutete *dauphin* 'Kronprinz'; zu seiner Apanage gehörte die Provinz Dauphiné im Südosten Frankreichs.

505. Die Redensart *Er sieht aus, als ob er kein Wässerchen trüben könnte* wird folgendermaßen wiedergegeben: frz. *On lui donnerait le bon Dieu sans confession* (Man würde ihm den lieben Gott (die Kommunion) ohne Beichte geben); engl. *He looks as if butter wouldn't melt in his mouth* (Er sieht aus, als ob Butter in seinem Mund nicht schmelzen würde). Auf Italienisch sagt man *Sembra un tipo che non farebbe male a una mosca* (Er scheint jemand zu sein, der keiner Fliege

wehtun würde). Ähnlich im Portugiesischen *Parece que não mata uma mosca* (Er scheint jemand zu sein, der keine Fliege tötet).

506. Die *Bartnelke* heißt auf Italienisch und Französisch 'Dichternelke' (*garofano del poeta/ dei poeti* und *œillet de poète*). Auf Englisch heißt sie *sweet william*.

507. Der Pädagoge (agr. παιδαγωγός) war der Sklave, der die Kinder auf dem Schulweg begleitete.

508. Von lat. *plicare* (zusammenfalten) leiten sich sowohl port. *chegar* und sp. *llegar* als auch rum. *a pleca* ab. Während das portugiesische und das spanische Verb 'ankommen' bedeuten, bedeutet das rumänische Verb 'aufbrechen/ weggehen/ abreisen'. Der Grund für die unterschiedliche Bedeutungsentwicklung liegt wohl darin, dass im ersten Fall von dem Ausdruck *vela plicare* (die Segel zusammenfalten), im zweiten von dem Ausdruck *tabernacula plicare* (die Zelte zusammenfalten) auszugehen ist. *Ankommen* heißt auf rum. *a sosi* (von agr. σώζειν retten – gut davonkommen – ankommen). It. *arrivare*, frz. *arriver*, kat. *arribar* sowie engl. *to arrive* kommen von lat. *adripare (ans Ufer kommen).

509. Frz. *Cela lui va comme un tablier à une vache* (Das steht ihm/ ihr wie eine Schürze einer Kuh) bedeutet, dass jdm. etw. überhaupt nicht steht.

510. Der Abschiedsgruß *Pfüatdi/ Pfüatsaich* kommt von (Gott) behüte dich/ euch!

511. Wenn man im Italienischen den Hasen zum Laufen auffordert (*invitare la lepre a correre*), dann drängt man jemanden dazu, etwas zu tun, was er von sich aus gerne tun würde.

512. Ein Franzose/ Spanier, der morgens den Wurm tötet (*tuer le ver/ matar el gusano/ gusanillo*, vielleicht vorrömisch), trinkt morgens auf nüchternen Magen einen Schnaps.

513. Die Redensart *Andere Mütter haben auch schöne Töchter* wird im Englischen durch *There are plenty of other fish in the sea* (Es gibt eine Menge anderer Fische im Meer), im Spanischen durch *Hay muchos peces en el mar* (Es gibt viele Fische im Meer), im Französischen durch *Une de perdue, dix de retrouvées* (Eine verloren, zehn wiedergefunden) wiedergegeben. Auf Portugiesisch: *Há muitas (mais) Marias na terra* (Es gibt noch mehr Marias auf der Erde).

514. Engl. *poison* und frz. *poison* (Gift; m., bis zum 17. Jahrh. f.) gehen auf lat. *potio, potionis* (f.) (Getränk/ Zaubertrank/ Gifttrank) zurück.

515. Das lateinische Verb *intellegere* (verstehen) lebt im Rumänischen (*a înțelege*) und im Rätoromanischen (*incleger*) mit der gleichen Bedeutung weiter.

516. In dem italienischen Ausdruck *lambiccarsi per fare qc* (sich den Kopf zerbrechen, um etw. zu tun) steckt das Wort *alambicco* ( Destillierkolben), das aus dem Arabischen stammt.

517. Mit *salle de travail* bezeichnet man im Französischen den Kreißsaal (kreißen = gebären; eigentlich: beim Gebären schreien; vgl. kreischen); it. *sala parto* (Geburt), port. *sala de parto*, sp. *sala de partos*, rum *sală de nașteri* (*naștere*

Geburt), kat. *sala de deslliuraments* (Entbindung), ebenso
engl. *delivery* (Entbindung) *room.*

518. In der Grußformel *Grüß Gott* und in *Gegrüßet seist du Maria*
hat das Verb 'grüßen' die Bedeutung von 'segnen': Gott
segne dich; Gesegnet seist du Maria.

519. Bei der Wiedergabe des Wortes *Lokalpatriotismus* spielt im
Italienischen, Französischen und Spanischen der Glocken-
turm eine Rolle: it. *campanilismo (campanile)/ esprit de clo-
cher/ patriotismo de campanario.*

520. Die indogermanische Wurzel *gno* bedeutet 'wissen': gr.
γιγνώσκω, lat. *noscere* (alte Form: *gnoscere*), *cognoscere*
(erkennen/ kennen lernen), lat. *ignorare* (nicht kennen/ nicht
wissen); auch in engl. *to know* und dt. kennen steckt diese
Wurzel.

521. Im Französischen tut es einem an den Haaren weh (*avoir
mal aux cheveux*), wenn man einen *Kater* hat (aus der Stu-
dentensprache; wohl volkstümliche Eindeutschung von Ka-
tarrh).

522. It./ port. *assassino*, sp. *asesino*, frz./ engl. *assassin* (Mörder)
kommt von ar. *hachichiya*, das Haschisch-Raucher/-Esser
bedeutet. Marco Polo berichtet in seinem Buch *Milione* von
Leuten, die einer vom *Vecchio della Montagna* (der Alte
vom Berge) angeführten Sekte angehörten und unter dem
Einfluss von Haschisch Morde begingen.

523. Kat. *res* und frz. *rien* (nichts) gehen auf das lateinische Wort
für 'Sache' *res* bzw. *rem* (Akkusativ) zurück.

524. Der Ausdruck *Hut ab!* (Alle Achtung/ Respekt!) lautet auf Italienisch: *Tanto di cappello!*, auf Portugiesisch: *É de se lhe tirar o chapéu!*, auf Französisch einfach: *¡Chapeau!*, so auf Spanisch: *¡Chapó!* (aus dem Französischen).

525. *Was für ein schönes Fresko!* heißt auf Italienisch: *Che bell'affresco. Che bel fresco!* bedeutet 'Wie schön kühl!/ Was für eine schöne Kühle!' Das Wort *affresco* kommt von *(dipingere) a fresco* 'aufs Frische malen'.

526. Das Verb *abschließen* wird in den meisten Fällen durch einen zusammengesetzten Ausdruck (mit dem Schlüssel schließen) wiedergegeben: frz. *fermer à clé*; it. *chiudere a chiave*, EP *fechar à chave*, sp. *cerrar con llave*, kat. *tancar amb clau*; ein eigenes Verb haben: das BP: *trancar* und das Englische: *to lock*.

527. Frz. *auriculaire* ist der kleine Finger (mit dem man sich im Ohr, lat. *auris*, Diminutivform *auricula*, bohrt). Auf Portugiesisch heißt er: *dedo mínimo/* (fam.) *mindinho*, auf Italienisch: *mignolo*, auf Spanisch: *meñique*.

528. Die *gelbe/ rote Karte* (Fußball) heißt auf Italienisch: *il cartellino giallo/ rosso*, auf Französisch: *le carton jaune/ rouge*, auf Spanisch: *la tarjeta amarilla/ roja*, auf Portugiesisch: *o cartão amarelo/ vermelho*, auf Englisch: *the yellow/ red card*.

529. Das spanische Adjektiv *izquierdo/a* (linke/-r/-s) kommt aus dem Baskischen; port. *esquerdo/a* ist aus dem Spanischen übernommen.

530. *Schmetterling* heißt auf Portugiesisch *borboleta*; als Schwimmstil heißt er *mariposa*, das im Spanischen beide Bedeutungen hat, wie auch it. *farfalla*.

531. Unter einem *chiste verde* (grüner Witz) versteht man im Spanischen einen anzüglichen Witz.

532. Der französische Ausdruck *mettre du beurre dans les épinards* (Butter in den Spinat tun) bedeutet 'etwas dazuverdienen/ seine Finanzen aufbessern'.

533. Die Übersetzung des Satzes: *Die Gäste sind gerade angekommen* lautet: engl. *The guests have just arrived*; it. *Gli ospiti sono appena arrivati*; *Les invités viennent d'arriver*; *Los huéspedes acaban de llegar*; kat. *Els invitats acaben d'arribar*; port. *Os convidados acabaram de chegar*.

534. Die einzige romanische Sprache, die für *arm* kein Wort benutzt, das von lat. *pauperu(m)* (klass. *paupere(m)* abgeleitet ist, ist das Rumänische: *sărac* (aus bulg./ serb. *sirak*). Port./ sp/ kat. *pobre*, it. *povero*, frz. *pauvre*, engl. *poor*.

535. Von den romanischen Sprachen fehlt nur im Französischen bei dem Ausdruck *die Geduld verlieren* der Artikel: *perdre patience*; it. *perdere la pazienza*, sp. *perder la paciencia*, kat. *perdre la paciència,* port. *perder a paciência*. Auch im Englischen fehlt er: *to lose patience*.

536. Das französische Wort *gare* (Bahnhof) bedeutet im Portugiesischen 'Bahnsteig'. Ursprünglich bedeutet *gare* im Frz. 'Ausweichstelle von Schleppkähnen in einem Kanal'.

537. Der Wunsch *Bleib gesund!* lautet auf Französisch: *Porte-toi bien!*, auf Spanisch:¡*Cuídate!,* auf Italienisch: *Stammi bene!,* im BP: *Cuide-se bem!,* auf Englisch: *Take care of yourself!/ Look after yourself!*

538. Die Afrikaner, die in Italien am Strand Handtücher, Uhren, Armbänder etc. verkaufen, werden *vú cumprá* (= *Vuoi comprare? Willst du kaufen?*) genannt.

539. Im Neugriechischen gibt es keinen Infinitiv mehr. Im Wörterbuch erscheint als Übersetzung z.B. für 'machen' κάνω (eigentlich: ich mache). Der Satz *Ich will eine Reise machen* wird folgendermaßen ausgedrückt: Θέλω να κάνω ένα ταξίδι (Ich will, dass ich eine Reise mache). Obwohl es im Rumänischen einen Infinitiv gibt, wird auch so formuliert: *Vreau să fac o călătorie.*

540. Mit *bumbum* (verdoppelte Kurzform von *bunda* Hintern) bezeichnet man im Brasilianischen den 'Popo' (verdoppelte Kurzform von Podex). Das in der Dichtung verwendete lateinische Wort *podex* (Hintern) bedeutet eigentlich 'Furzer' (*pedere* furzen).

541. Während sp. *sótano* 'Keller/ Kellergeschoss' bedeutet, bezeichnet port. *sótão* den 'Dachboden'.

542. Das Wort *Kegel* in dem Ausdruck *mit Kind und Kegel* bedeutet 'uneheliches Kind'.

543. Der Ausdruck *päpstlicher sein als der Papst* lautet auf Spanisch und Katalanisch: *ser más papista que el papa/ (és)ser més papista que el papa.* In anderen Sprachen kommt der König ins Spiel: frz. *être plus royaliste que le roi,* it. *essere più realista del re/* auch: *più papalino del papa,* engl. *to be*

*more royal than the king*, gr. *είμαι βασιλικότερος του βασι-λέως*. Im Englischen gibt es auch die Variante: *to be more Catholic than the Pope*; so auch im Russischen: *быть более католиком, чем сам Папа* (katholischer sein als selbst der Papst).

544. *Bezahlen* heißt: sp./ port./ kat. *pagar*, it. *pagare*, frz. *payer*, engl. *to pay*. All diese Verben gehen auf lat. *pacare* zurück (abgeleitet von *pax, pacis f.* Friede), das 'friedlich machen/ befrieden/ beruhigen und unterwerfen' bedeutet. Die Bedeutung 'bezahlen' ergibt sich aus dem Ausdruck einen 'Gläubiger zufriedenstellen'.

545. It. *dare (un po' di) burro a qu* und port. *dar manteiga a alg.* (jdm. Butter geben) bedeuten 'jdm. Honig um den Bart schmieren'.

546. Die Feststellung *Ich bin wieder gesund* wird folgendermaßen wiedergegeben: frz. *Je suis rétabli/e/ Je suis de nouveau en bonne santé* (nicht: *\*Je suis de nouveau sain/ saine*); it. *Mi sono ristabilito/a/ rimesso/a*, sp. *Estoy restablecido/a* (wieder hergestellt), port. *Já estou bom/ boa*.

547. *Schleuser*, die illegale Einwanderer auf Booten befördern, werden auf Italienisch *scafisti* (Sing. *scafista*, abgeleitet von *scafo* Schiffsrumpf/ Boot) genannt.

548. *Matrimonio* heißt auf Italienisch die 'Ehe', *patrimonio* das 'Vermögen'.

549. Den Verdauungsschnaps nennt man in Italien *ammazzacaffè* (tötet den Kaffee); in Frankreich *pousse-café* (stößt den Kaffee weiter); in Spanien *poscafé* (aus dem Französischen

550. Der italienische Ausdruck *nuovo di zecca* bedeutet 'funkel-nagelneu' (eigentlich: neu aus der Zecca (ar. *sikka(h)* (Mün-ze), der ehemaligen Münzprägestätte in Venedig). Die Ze-chine (it. *zecchino*) war eine venezianische Goldmünze (13.-17. Jh.).

551. Bei dem englischen Wort für *Trinkgeld*, *tip*, liegt ein Akronym vor (= Name, der aus den Anfangsbuchstaben mehrerer Wörter gebildet ist). Einst stand am Eingang der Gasthäuser in England ein Behältnis mit der Aufschrift *t.i.p.*, was *to insure promptitude* (schnelle Bedienung gewähr-leisten) bedeutete. Fiel der eingeworfene Betrag zu gering aus, konnte es sein, dass der Gast sehr lange auf sein Ge-tränk oder sein Essen warten musste.

552. It. *scaricabarile* (zusammengesetzt aus *scaricare*, abladen, und *barile*, Fass) ist ein Spiel, bei dem sich Jugendliche Rücken an Rücken stellen, sich mit gekreuzten und ge-beugten Armen halten und mehrmals gegenseitig hoch-heben. In übertragenem Sinn bedeutet der Ausdruck *fare a scaricabarile* 'sich der eigenen Verantwortung entziehen und sie der anderen Person zuschieben/ sich etw. gegen-seitig in die Schuhe schieben'. Auf Englisch sagt man *to get into the blame game* oder *to pass the buck* (den Eimer wei-tergeben).

553. *Em corre la rata pel ventre* (Mir läuft die Ratte durch den Bauch) bedeutet im Katalanischen 'Mir knurrt der Magen'.

554. It. *p...zzo:* In die Lücke passt jeder Vokal: *pazzo* (verrückt), *pezzo* (Stück), *pizzo* (Spitze/ Spitzbart/ Schutzgeld), *pozzo* (Brunnen), *puzzo* (Gestank).

555. In den meisten romanischen Sprachen leitet sich das Wort für *Hund* von lat. *cane(m)* (Nominativ *canis*) ab: it./ sard. *cane*, port. *cão*, rum. *cîine*, frz. *chien*. Eine Ausnahme bilden sp. *perro* und kat. *gos*. Im BP wird *cachorro* umgangssprachlich für *cão* gebraucht, im EP und im Spanischen bezeichnet es einen jungen Hund.

556. Der grammatische Terminus *Akkusativ* (lat. *(casus) accusativus* die Anklage betreffender Fall) geht auf eine falsche Übersetzung von gr, *αἰτιατική πτῶσις* [aitiatike ptosis] (die Ursache betreffender Fall) zurück.

557. It. *fare la pioggia e il bel tempo*, frz. *faire la pluie et le beau temps* und port. *dar a chuva e o bom tempo* (den Regen und das schöne Wetter machen bzw. geben) bedeuten 'den Ton angeben/ das Zepter führen/ über alles befinden'.

558. Das Sprichwort *Wer zuerst kommt, mahlt zuerst* lautet auf Italienisch: *Chi prima arriva, macina*. In anderen Sprachen wird man zuerst 'bedient': engl. *First come, first served*, frz. *Les premiers arrivés sont les premiers/ mieux servis*, sp. *El primer venido, primer servido*, port. *Primeiro a chegar, primeiro a ser servido*.

559. Für *Fußgängerin* gibt es im Italienischen keine eigene Form. Es heißt immer *il pedone*.

560. *Efeu* heißt: lat. *(h)edera*, it. *edera*, rum. *iederă*, sp. *hiedra*, kat. *heura*, port. *hera*, alle feminin. Bei frz. *lierre* (aus *l'ierre*) ist der Artikel agglutiniert und das Wort ist maskulin.

561. Die Übersetzungen von *sich jdm. nähern* lauten: it. *avvicinarsi a qu* (*vicino* nahe), frz. *s'approcher de qn* (abgeleitet von lat *prope* nahe), engl. *to approach sb* (aus dem Französischen übernommen), port. *aproximar-se de alg.* (von *proxime*, dem Superlativ von *prope*, abgeleitet), sp. *acercarse a alg.* (von *cerca*, lat. *circa* bei/ in der Nähe abgeleitet);.

562. Frz. *travail* (Arbeit; sp. *trabajo*, port. *trabalho*, kat *treball*) leitet sich von vlat. *\*tripalium* ab, einer aus drei Pfählen (*tres* drei und *palus* Pfahl) bestehenden Vorrichtung, in die Rinder und Pferde zum Beschlagen eingespannt wurden. Das von *travail* abgeleitete Verb *travailler* (arbeiten) hatte zuerst die Bedeutung 'quälen, leiden', besonders auf eine gebärende Frau bezogen. Daher auch der Ausdruck *salle de travail* (Kreißsaal). It. *lavorare* (arbeiten) kommt von lat. *laborare*, das von *labor* (Arbeit/ Mühe/ Anstrengung/ Schmerz) abgeleitet ist (*ex capite laborare* Kopfschmerzen haben). Frz. *labourer* bedeutet 'pflügen' (Bedeutungsverengung). Auch das agr. Verb πονέω (sich abmühen/ arbeiten) ist von einem Substantiv abgeleitet, das 'Anstrengung/ Mühe/ Strapaze' bedeutet (πόνος). Ngr. δουλεύω (arbeiten) bedeutet im Altgriechischen 'Sklave (δουλος) sein'. Ebenso leitet sich russ. *работать* (arbeiten) von *раб* (Sklave) ab. Auch das deutsche Verb ist mit dem slawischen Wort verwandt. Das rumänische Verb *a lucra* (arbeiten) jedoch kommt von lat. *lucrare/ lucrari* (gewinnen/ Profit machen, abgeleitet von *lucrum*, Gewinn, vgl. dt. lukrativ). Auch engl. *to travel* kommt von frz. *travailler.* Das ist nicht verwunderlich, war doch Reisen in früherer Zeit oft eine mühsame und manchmal schmerzliche Angelegenheit.

563. Ein *cordon-bleu* ist im Französischen eine ausgezeichnete Köchin oder ein ausgezeichneter Koch. Ein *cordon* ist ein breites Band, das den Mitgliedern mancher Orden als Auszeichnung verliehen wird. Der *cordon bleu* wird von den Rittern des Ordens des heiligen Geistes (*ordre du Saint-Esprit*)

getragen. Im Restaurant bestellt man *une escalope cordon bleu*.

564. *Maschera* (Maske) heißt im Italienischen auch die 'Platzanweiserin'. Im Französischen heißt sie *ouvreuse* (Öffnerin), im Spanischen *acomodadora* (*acomodar* unterbringen), im EP *arrumadora* (*arrumar* unterbringen), im BP *lanterninha* (Laternchen).

565. Außer Schweizerinnen bedeutet port. *suiças* auch 'Koteletten' (Backenbart); die heißen auf Italienisch *basette* (lange, die bis zum Kinn reichen können, heißen *favoriti* Favoris), auf Französisch *pattes* (bzw. *favoris*), auf Spanisch *patillas*, auf Englisch *sideburns/* (fam.) *sideboards*.

566. Die Zahl 48 bezeichnet 'Lärm/ Krach' in den italienischen Ausdrücken *fare un quarantotto* (Lärm machen/ Krach schlagen) und *È successo un quarantotto* (Es gab einen Heidenlärm/ Mordsradau). Die Zahl bezieht sich auf das Jahr 1848, in dem es in ganz Europa heftige revolutionäre Unruhen gab.

567. Das Adjektiv *todschick* kommt von frz. *tout chic* (ganz schick).

568. *Aa machen* heißt auf Italienisch: *fare la caccal la popò*, auf Spanisch: *hacer caca*, auf Französisch: *faire caca*, auf Portugiesisch: *fazer cocô*, im BE: *to do a poo(h)*, im AE: *to do a poop*. *Pipi machen* heißt: it. *fare (la) pipì*, sp. *hacer pipí/ pis* (Am. *pichí*), frz. *faire pipi*,. *fazer* EP *chichi/* BP *xixi*, engl. *to wee/ wee-wee*.

569. *Bravo*, einer Frau zugerufen, heißt auf Italienisch *Brava!* Gilt der Zuruf mehreren Frauen, so lautet er *Brave!* Männer werden mit *Bravi!* bedacht.

570. Der *Löwenzahn* wird im Französischen wegen seiner diuretischen (harntreibenden) Wirksamkeit *pissenlit* (pisst ins Bett) genannt. Ein Synonym ist *dent-de-lion*, das als *dandelion* ins Englische übernommen wurde. Auch im Italienischen gibt es neben *dente di leone* und *tarassaco* (lat. *taraxacum*) den umgangssprachlichen Ausdruck *piscialletto*. Auf Portugiesisch heißt er *dente-de-leão* oder *taráxaco*, auf Spanisch *diente de león*. Pusteblume heißt auf Italienisch *soffione* (*soffiare* blasen).

571. *Danke* heißt auf Portugiesisch *obrigado*, wenn sich ein Mann, *obrigada*, wenn sich eine Frau bedankt. Erklärung: Man fühlt sich der Person, der man dankt, verpflichtet.

572. Die Redensart *sich auf französisch verabschieden* (heimlich weggehen, ohne sich zu verabschieden) lautet: sp. *despedirse a la francesa,* port. *despedir-se à francesa*, engl. *to take French leave.* Im Französischen gibt es die Retourkutsche: frz. *filer à l'anglaise* (sich auf englisch verziehen); ebenso im Italienischen: it. *filarsela all'inglese.* Im Deutschen gibt es die nach dem Mauerfall entstandene Redewendung *den polnischen Abgang/ Abschied machen.*

573. Die Blume *Vergissmeinnicht* wird auch in einigen anderen Sprachen durch einen Imperativ ausgedrückt: engl. *forget-me-not,* it. *nontiscordardimé*, sp. *nomeolvides*, gr. *μη με λισμόνει* [mi me lismoni]. Andere setzen lat. *myosotis* (agr. *μυοσωτίς* Mäuseöhrchen) fort: frz. *myosotis* (m.), port. *miosótis* (m./ f.), sp. auch *miosota.*

574. Wenn ein Portugiese/ eine Portugiesin 'Ellbogenschmerz hat/ fühlt' (*ter/ sentir dor de cotovelo*), ist er/ sie eifersüchtig/ neidisch. Der Ausdruck bezieht sich auf jemanden, der in einer Bar, den Ellbogen auf die Theke gestützt, lange sitzt, ein Glas nach dem anderen leert und seinen Liebeskummer zu vergessen sucht.

575. Das Wort *Muskel* bedeutet eigentlich 'Mäuslein' (lat. *mus* Maus). Die alten Römer sahen eine Ähnlichkeit zwischen einer Muskelbeugung im Oberarm und der Bewegung einer Maus.

576. Die regelmäßige Steigerung wird im Portugiesischen, Spanischen, Katalanischen und Rumänischen (Seiten-/Randzonen der Romania) mit dem Fortsetzer von lat. *magis* (mehr), in Frankreich und Italien (Zentrum der Romania) mit dem von lat. *plus* (mehr) gebildet, z.B. höher: port. *mais alto*, sp. *más alto*, kat. *més alt*, rum. *mai înalt*, frz. *plus haut*, it. *più alto*.

577. Der Ausdruck *Es schmeckt nach mehr* wird folgendermaßen wiedergegeben: EP *Tem sabido a pouco* (Es hat nach wenig geschmeckt), BP *Tem gosto de quero mais* (Es hat einen Geschmack nach ich will mehr), frz. *Ça a un goût de revenez-y* (Es hat einen Geschmack nach kommen Sie darauf zurück), sp. *Sabe a más* (Es schmeckt nach mehr), it. *Ne bisogna fare il bis* (Man muss davon zweimal nehmen)/ *Ce ne vorrebbe un altro po'* (Davon wäre noch etwas nötig), engl. *It tastes moreish*.

578. Wenn Deutsche sehr glücklich sind, schweben sie *auf Wolke sieben*, Engländer/innen auf Wolke neun (*to be on cloud nine*).

579. It. *bustarella* (Diminutivform von *busta*, Briefumschlag) und gr. φακελάκι [fakelaki] (Diminutivform von φάκελος Briefumschlag) bedeuten 'Bestechungsgeld'.

580. Lat. *puella* (Mädchen) ist die feminine Form von *puellus*, der Diminutivform von *puer* (Knabe).

581. Der Ausdruck *splitterfasernackt* wird im Italienischen durch *come mamma l'ha fatto/ fatta* (wie Mama ihn/ sie gemacht hat) und im Spanischen durch *como su madre lo/ la trajo al*

*mundo* (wie seine/ ihre Mutter ihn/ sie auf die Welt gebracht hat), im Portugiesischen durch *como veio ao mundo* (wie er/ sie auf die Welt gekommen ist)/ (fam.) *em pêlo* wiedergegeben. Auf Französisch sagt man *nu comme un ver* (nackt wie ein Wurm)/ (fam.) *à poil.*

582. Ein *bikini* ist im Spanischen auch ein 'Schinken-Käse-Sandwich'.

583. Die *Achtundsechziger* heißen: it. *i sessantottini*, sp. *los sesentaiochistas*, frz. *les soixante-huitards.*

584. *In der Kantine essen* heißt auf Italienisch *mangiare in mensa. Mangiare in cantina* würde bedeuten 'im Keller essen'.

585. *Auto* ist ein Kurzwort. Das ursprüngliche Wort Automobil besteht aus einem griechischen und einem lateinischen Element: αυτός (selbst) und *mobilis* (beweglich). Im Neulatein gibt es das Wort *autocinetum*, mit derselben Bedeutung, das nach dem griechischen Wort αυτοκίνητο gebildet ist. Auf Russisch heißt das Auto автомобиль oder машина, das im Italienischen das Normalwort ist (*m<u>a</u>cchina*). Das spanische Wort heißt *coche*, bei dem es unklar ist, ob es aus dem Ungarischen *kocsi* oder dem Slowakischen *koči* (beide gleich [kotschi] ausgesprochen) kommt. In Lateinamerika wird *carro* gebraucht, das auch Karren bedeutet. Dieses Wort wird (neben *automóvel*) auch im Portugiesischen benutzt. Das französische Wort *voiture* leitet sich von lat. *vectura* (das Transportieren) ab. Mit dem Auto fahren heißt; it. *andare in m<u>a</u>cchina*, sp. *ir en coche*, port. *ir de carro*, frz. *aller en voiture*, lat. *autocineto vehi.*

586. *Mit jdm. füßeln* heißt auf Französisch: *faire du pied à qn*, auf Spanisch: *hacer piececitos con alg.,* auf Portugiesisch: *acariciar alg. com o pé debaixo da mesa* (jdn. mit dem Fuß

unter dem Tisch streicheln), auf Italienisch: *fare piedino a qu,* auf Englisch: *to play footsie with sb.*

587. *Aula* bezeichnet im Deutschen einen größeren Raum in Schulen und Universitäten, in dem Veranstaltungen abgehalten werden. Auf Italienisch heißt dieser Raum *aula magna* (große Aula), weil *aula* allein das 'Klassenzimmer' und den 'Hörsaal' bezeichnet. Im Spanischen wird die Aula einer Schule *salón de actos,* die einer Universität *paraninfo* genannt. Die französische Bezeichnung lautet: *salle des fêtes.* Im Portugiesischen bedeutet *aula* 'Unterrichtsstunde' und 'Klassenzimmer'; *die Aula* heißt *aula magna/ sala de actos* oder *salão nobre.* Bei den Römern und Griechen bedeutete *aula/ αυλή* 'Hof'.

588. Den *Tragebeutel* für Neugeborene nennt man auf Italienisch *marsupio* (Bauchtasche/ Beutel). Ebenso die Gürteltasche. Die heißt: sp. *riñonera,* (*riñón,* Niere) frz. *(sac) banane,* engl. *bum* (Hintern) *bag/ belt bag/ belt pouch.* Im BP wird sie *pochete* (f., frz. *pochette*), im EP *bolsa de cintura* genannt.

589. Von lat. *mittere* (schicken) leiten sich, mit Bedeutungsveränderung, frz. *mettre,* it. *mettere* (setzen/ stellen/ legen) sowie sp. *meter* (hineinlegen/ hineinstecken/ hineintun) ab. Die lateinische Grundbedeutung ist in it. *mittente* (Absender), *missile* (Rakete) und *missiva* (Schreiben) enthalten.

590. Der *Buhmann* heißt auf Italienisch: *la bestia nera,* auf Spanisch, *la bestia negra*; auf Französisch *la bête noire* (das schwarze Tier); im EP *espantalho* (*espantar* verscheuchen), im BP *estafermo* (bleib stehen), auf Englisch *the bogeyman* (der erste Bestandteil des Wortes bedeutete Teufel).

591. It. *invitare qu a nozze* bedeutet nicht nur jdn. zur Hochzeit einladen, sondern auch 'jdm. ein sehr willkommenes Angebot machen'.

592. Der Ausdruck *Jetzt hört das schöne Leben auf* wird im Portugiesischen durch *Acabou-se o que era doce* (Es ist zu Ende, was süß war) und im Italienischen durch *È finita la cuccagna* (Schlaraffenland) wiedergegeben. Auf Englisch sagt man *The party's over* (Die Party ist vorbei).

593. Frz. *robinet* bedeutet 'Wasserhahn'. Es ist eine Ableitung von *robin* (Schaf). Früher hatten die Wasserhähne oft die Form eines Schafskopfes. Bei dem Wort handelt es sich um eine Koseform des Namens *Robert*. Personennamen wurden oft auf Haustiere übertragen. Das italienische Wort ist *rubinetto*, das rumänische *robinet (de apă)*. Auch sp. *grifo* liegt ein Tiername, nämlich 'Greif' (spätlat. *gryphus*, von *gryps, grypis/ gryphis f.,* gr. γρύψ), zugrunde; port. *torneira*, BE. *water tap*, AE *faucet*.

594. *Mit dem Hund Gassi gehen* heißt: sp. *sacar al perro*, it. *portare fuori il cane*, frz. *sortir/ promener le chien*, port. *levar o cão a passear/ passear o cão*, engl. *to take the dog (for) walkies/ for a walk*

595. *Alles klar, mein Bester?* heißt auf Französisch: *Ça colle* (gehen/ gut gehen), *Anatole?*

596. Die lateinische Warnung *cave canem* (Hüte dich vor dem Hund!) lautet: frz. *Chien méchant!*, it. *Attenti al cane!*, sp. *¡Cuidado con el perro!*, port. *Cuidado com o cão!*, engl. *Beware of the dog!*

597. *Versprechen und Halten ist zweierlei/ Gesagt ist noch lange nicht getan* wird im Italienischen und Portugiesischen folgendermaßen ausgedrückt: *Tra il dire e il fare c'è di mezzo il mare* (Zwischen dem Sagen und dem Tun liegt das Meer)/ *Vai muito do dizer ao fazer* (Es ist weit vom Sagen zum Tun). Ähnlich im Spanischen: *Del dicho al hecho hay mucho trecho* (Vom Gesagten zum Getanen liegt eine große Strecke). Auf Englisch sagt man: *It's easier said than done* (Es ist leichter gesagt als getan).

598. Der Ausdruck *nahe ans/ am Wasser gebaut haben* lautet: sp. *ser de lágrima fácil* (von leichter Träne sein), it. *avere le lacrime in tasca* (die Tränen in der Tasche haben)/ *avere la lacrima/ il pianto facile*, frz. *avoir la larme facile*, port. *ter sempre a lágrima ao canto do olho* (die Träne immer im Augenwinkel haben).

599. *Il y a du monde au balcon* (Es sind Leute auf dem Balkon) sagt man umgangssprachlich im Französischen von einer Frau, die einen üppigen Busen hat.

600. Die Zeitangabe *vierzehn Tage* wird in den romanischen Sprachen durch *fünfzehn Tage* ausgedrückt: *vor vierzehn Tagen*: frz. *il y a quinze jours*, it. *quindici giorni fa*, sp. *hace quince días*, port. *há quinze dias*, kat. *fa quinze dies*.

601. Der Ausdruck *etwas Unmögliches verlangen* wird in den romanischen Sprachen durch 'den Mond verlangen' wiedergegeben: frz. *demander la lune*, kat. *demanar la lluna*, sp. *pedir la luna*, port. *pedir a lua*, it. *volere la luna*, rum. *a cere luna de pe cer* (den Mond vom Himmel verlangen). Auch im Englischen sagt man *to ask/ cry for the moon*. Die gleiche Idee kann im Spanischen auch durch *pedir peras al olmo* (Birnen von der Ulme verlangen) ausgedrückt werden.

602.  Im Spanischen bedeutet *burro* 'Esel', im Italienischen 'Butter'. *Butter* heißt auf Spanisch *mantequilla*, *Esel* heißt auf Italienisch <u>a</u>sino.

603.  Ein Franzose ist schwarz (*noir*), wenn er 'blau' ist.

604.  Das Wort *Marmelade* kommt aus dem Portugiesischen: port. *marmelada* (Quittenmarmelade). Der allgemeine Ausdruck für Marmelade ist im EP *doce* oder *compota*, im BP *geléia*. Engl. *marmalade* (aus Südfrüchten; sonst *jam*), it. *marmellata*, sp. *mermelada*. Frz. *marmelade* bedeutet 'Kompott'; Marmelade heißt *confiture*.

605.  Sp. *largo* bedeutet 'lang'; it./ port. *largo* bedeutet 'breit', wie auch frz. *large*. Breit heißt auf Spanisch *ancho*; *lang* heißt auf Italienisch *lungo*, auf Französisch *long*, auf Portugiesisch *comprido*.

606.  Die Übersetzung des Sprichworts *Übung macht den Meister* lautet: it. *L'esercizio è un buon maestro*, sp. *La práctica hace al maestro*, engl. *Practice makes perfect*, port. *A prática leva à perfeição* (Die Übung führt zur Perfektion), frz. *C'est en forgeant qu'on devient forgeron* (Durch Schmieden wird man Schmied). *Es ist noch kein Meister vom Himmel gefallen* wird folgendermaßen ausgedrückt: it. *Nessuno nasce maestro,* engl. *No-one is born a master* (Niemand wird als Meister geboren), sp. *Nadie nace enseñado*, port. *Ninguém nasce ensinado* (Niemand wird unterrichtet/ gelehrt geboren).

607.  Die *Midlife-Crisis* bezeichnet man im Französischen als *démon de midi* (Mittagsdämon), im Spanischen als *crisis de los cuarenta* (Krise der Vierziger), im Italienischen als *crisi della mezza età* (Krise des mittleren Alters), so auch im Portugiesischen (*a crise da meia idade*).

608. Sp. *jurar* und frz. *jurer* bedeuten nicht nur 'schwören', sondern auch 'fluchen'.

609. Der erste Bestandteil des Wortes *Kichererbse* kommt von lat. *cicer* und bedeutet Erbse. Es liegt hier also eine tautologische Bildung vor. Ebenso im Englischen *chickpea* und Französischen *pois chiche*. Auf Italienisch heißt sie *cece*, auf Spanisch *garbanzo* (Herkunft unsicher, vielleicht vorrömisch), auf Portugiesisch *grão-de-bico* (Schnabelkorn).

610. Für die Aussage *Ich habe Wichtigeres zu tun/ Ich habe andere Sorgen* gibt es z.T. drastische Formulierungen: frz. *J'ai d'autres chats à fouetter* (Ich habe andere Katzen auszupeitschen), it. *Ho altre gatte da pelare* (Ich habe andere Katzen zu häuten), engl. *I have other fish to fry* (Ich habe andere Fische zu braten). Auf Spanisch sagt man *Tengo cosas más importantes que hacer*, auf Portugiesisch *Tenho coisas mais importantes para fazer* (wie im Deutschen).

611. Wer eine *schlaflose Nacht* verbringt, verbringt in den romanischen Sprachen 'eine weiße Nacht' bzw. 'eine Nacht in Weiß': frz. *passer une nuit blanche*, it. *passare una notte bianca/ in bianco*, sp. *pasar una noche en blanco*, port. *passar a noite em branco.* Herkunft: Bevor ein Krieger zum Ritter geschlagen wurde, musste er die Nacht vor seiner Aufnahme in den Ritterstand in einem weißen Gewand, wie die Neugetauften, im Gebet bei seinen Waffen an einem geweihten Ort verbringen.

612. Ein deutsches Kind sagt: Ich hab' mir (am Finger) Aua gemacht; ein französisches sagt: *Je me suis fait (un) bobo (au doigt)*, ein italienisches: *Mi sono fatto/a la bua (al dito)*; ein spanisches: *Me he hecho pupa (en el dedo)*.

613. Der Spruch *Geschäft ist Geschäft* wird singularisch wiedergegeben im Englischen: *Business is business* und im Katalanischen: *El negoci és el negoci*; pluralisch im Franzö-

sischen: *Les affaires sont les affaires*, im Italienischen: *Gli affari sono affari*, im Spanischen: *Los negocios son los negocios* und im Portugiesischen: *Negócios são negócios*. Dabei ist auch auf den Gebrauch des Artikels zu achten.

614.   Wie von *Affe* das Verb *nachäffen* abgeleitet ist, so sind von it. *scimmia* (lat. *simia(m)* > *scimmiottare*, von frz. *singe* > *singer*, von port. *macaco* > *macaquear* abgeleitet. Bei engl. *ape* > *to ape* (Syn. *to mimic/ to take off*) handelt es sich um Konversion (= Ein Wort geht unverändert in eine andere Wortart über).

615.   Im Deutschen sagt man *auf Holz klopfen*, im Italienischen *toccare ferro* (Eisen berühren). Sehr viele Sprachen gebrauchen in diesem Ausdruck das Wort Holz: frz. *toucher du bois,* sp. *tocar madera*, BP *tocar na madeira* (Holz berühren). engl. *to touch wood* (AE *to knock on wood*).

616.   Frz. *luxurieux* heißt 'wollüstig/ lüstern'; *luxuriös* heißt *luxueux*. So auch im Italienischen: *lussurioso* und *lussuoso*.

617.   Franzosen bauen Luftschlösser in Spanien: *bâtir des châteaux en Espagne*. Schon im 13. Jh. gibt es die Ausdrücke *faire des châteaux en Asie, faire des châteaux en Albanie* mit der gleichen Bedeutung, d.h. in der Fantasie Schlösser in fernen Ländern bauen, wo man nichts besitzt und die nie gebaut werden. Spanien, von dem in den Heldenliedern oft gesprochen wird, galt während des ganzen Mittelalters als das Land der wunderbaren Abenteuer.

618.   Wer in Frankeich bekannt ist wie der weiße Wolf (*être connu comme le loup blanc*), ist in Deutschland *bekannt wie ein bunter/ roter Hund.*

619.   Der Ausdruck *Andere Länder, andere Sitten* wird im Italienischen durch *Paese che vai, usanze che trovi* (Land, in das du gehst, Sitten, die du findest) wiedergegeben. Wie das

Deutsche formulieren das Französische und das Spanische: *Autres pays, autres mœurs./ Otros países, otras costumbres.* Fast so das Portugiesische: *Cada terra com seu uso* (Jedes Land mit seiner Sitte).

620.   Im BP nennt man einen *Geizkragen pão-duro* (hartes Brot). Herkunft des Ausdrucks: Ein Bettler ging durch die Straßen von Rio de Janeiro und bat um etwas zum Essen, sei es auch nur ein hartes Brot. Als der Bettler starb, entdeckten die Bewohner zu ihrer Überraschung, dass er viel Geld und viele Immobilien besaß. Er nutzte aber seinen Reichtum nicht, sondern zog es vor, betteln zu gehen.

621.   Spanische Ausdrücke mit Wochentagen: *En martes, ni te cases ni te embarques* (An einem Dienstag soll man weder heiraten noch verreisen). *¡Martes y (día) trece!* (Dienstag und der 13.!, entspricht dt. Freitag der 13.) *La película no es cosa/ nada del otro jueves* (Der Film ist nichts vom anderen Donnerstag = Der Film ist nichts Besonderes/ Weltbewegendes. Zur Bezeichnung der Angst vor Freitag dem 13. gibt es den wissenschaftlichen Ausdruck paraskevidekatriaphobie (gr. *Παρασκευή* Freitag + *δεκατρία* dreizehn + *φοβία* Phobie).

622.   Sagt ein Spanier von sich *Estoy a la cuarta pregunta* (Ich bin bei der 4. Frage), so bedeutet das, dass er 'blank/ abgebrannt' ist. Herkunft des Ausdrucks: Früher fragte man bei gerichtlichen Vernehmungen den Angeklagten 1. nach seinem Namen und Alter, 2. nach seinem Geburts- und Wohnort, 3. nach Religion und Familienstand, 4. nach seinem Besitz und seinen Einkünften. Normalerweise gab der Vernommene an, keine Güter und keine Einkünfte zu besitzen, um die Beschlagnahmung seiner Habe zu verhindern. Sein ganzes Vermögen komme nur von seiner Arbeit. Andere Erklärung: Studenten der höheren Semester an der Madrider Universität pflegten Neuankömmlingen vier Fragen zu

stellen: 1. *Salutem habemus?* (Haben wir Gesundheit?) 2. *Ingenium habemus?* (Haben wir Begabung?) 3. *Amores habemus?* (Haben wir Liebschaften?) 4. *Pecuniam habemus?* (Haben wir Geld?). Auf die ersten drei Fragen antworteten die Studenten mit „ja", die vierte verneinten sie. Bei der zweiten Erklärung könnte es sich um eine Parodie der ersten handeln.

623. *A tergo* kommt nicht nur in dem Ausdruck *posizione a tergo* (Geschlechtsverkehr von hinten) vor. Es bedeutet im Italienischen auch: 'auf der Rückseite'; *vedi a tergo* (siehe Rückseite). Frz. *voir au verso*, port. *ver no verso*, sp. *véase al dorso*, engl. *see overleaf.*

624. Im Französischen und Italienischen schneidet/ spaltet man ein Haar in vier (*couper un cheveu en quatre/ spaccare un capello in quattro*), im Englischen spaltet man Haare (*to split hairs*), wenn man Haarspalterei betreibt. Auf Spanisch sagt man *rizar el rizo* (die Locke kräuseln).

625. Das besonders im AE gebrauchte Wort *janitor* (Hausmeister, Synonym: *caretaker*) kommt von lat. *ianua* (Haustür), das von Janus, dem römischen Gott der Tordurchgänge, des Ein- und Ausganges, abgeleitet ist. Nach dem doppelköpfig dargestellten Gott ist auch der Januar benannt.

626. Der freundschaftliche und vertraute Gruß *ciao,* der sich von Norditalien aus überall verbreitet hat, geht auf das italienische Wort *schiavo* zurück, das von dem mittellateinischen Wort *sclavu(m)* (Slawe) kommt, das später die Bedeutung 'Sklave' angenommen hat. Die Sklaven im Orient waren größtenteils Slawen. Im Venezianischen ist *schiavo* zu [tschao] geworden. Es wurde als ehrerbietiger Gruß gebraucht mit der Bedeutung: 'Ich bin dein Diener'. Eine Paral-

lele liegt mit dem besonders in Süddeutschland und in Österreich gebrauchten freundschaftlichen Gruß *servus* vor: lat. *servus* (Ich bin dein) Diener.

627. Etymologisch betrachtet liegt bei dem Wort *Oberarzt* ein Pleonasmus vor. 'Arzt' ist nämlich aus griech. *archi + iatros* (erster/ Ober-Arzt) entstanden.

628. Unter einem *presenzialista* versteht man im Italienischen jemanden, der immer und überall dabei (*presente*) sein will. Man sagt auch: *È come il prezzemolo* (Er ist wie die Petersilie).

629. *Impotent* heißt auf Französisch *impuissant. Impotent* bedeutet bewegungsunfähig/ steif: *Il a le bras gauche impotent* (Sein linker Arm ist steif). *Il est impotent d'une jambe* (Er hat ein steifes Bein).

630. *Ich bin nicht von gestern* heißt: it. *Non sono nato/a ieri* (Ich bin nicht gestern geboren), sp. *No he nacido ayer*, port. *Não tenho nascido ontem*, frz. *Je ne suis pas né/e d'hier*, engl./ wasn't born yesterday.

631. Die Übersetzung von *zehn Euro und ein paar Zerquetschte* lautet auf Französisch: *dix euros et des poussières* (*poussière* bedeutet Staub/ Staubkörnchen), auf Italienisch: *dieci euro e rotti* (Zerbrochene), auf Spanisch: *diez euros y pico* (ein bisschen drüber), auf Portugiesisch: *dez euros e pico(s)*, auf Englisch:10 *euros something/ odd*.

632. Wenn in Italien etwas bei jedem Tod eines Papstes (*a/ ad ogni morte di papa*) passiert, dann geschieht es alle Jubeljahre. Weitere Entsprechungen: port. *quando o rei faz anos* (wenn der König Geburtstag hat), frz. *tous les trente-six du mois* (an allen 36. des Monats), sp. *de higos a brevas* (von

Feigen zu (frühen) Feigen), engl. *once in a blue moon* (einmal an einem blauen Mond).

633. Die englische Entsprechung zu *Wie gewonnen, so zerronnen!* lautet *Easy come, easy go!* Auf Italienisch sagt man *Tanti presi, tanti spesi* (So viel (Geld) bekommen, so viel ausgegeben), auf Spanisch *Los dineros del sacristán, cantando se vienen y cantando se van* (Das Geld des Küsters kommt beim Singen und geht beim Singen). Die Arbeit des Küsters gilt als nicht schwer.

634. *To cancel* ist aus dem Altfranzösischen *canceller* übernommen, das seinerseits von lat. *cancellare* (it. *cancellare*) kommt. Dieses Verb geht auf lat. *cancelli* (Gitter), dem Diminutiv von *cancri* (Sing. *cancer*, Gitter) zurück. Wenn Römer etwas Geschriebenes löschen wollten, machten sie Kreuze darüber, die einem Gitter ähnelten.

635. *Trinkgeld* heißt: it. *mancia* (wahrscheinlich aus afrz. *manche* 'Ärmel', den im Mittelalter eine Dame bei einem Turnier ihrem Ritter schenkte), frz. *pourboire* (zum Trinken), sp. *propina* (nachkl. *propinare* zu trinken geben, von gr. προπίνω vortrinken), EP *propina*, BP *gorjeta* (*gorja* = *garganta* Kehle), rum. *bacşiş* (aus dem Türkischen).

636. Der spanische Ausdruck *esperar a ver de qué lado caen las peras* (abwarten, auf welcher Seite die Birnen herunterfallen) bedeutet 'eine abwartende Haltung einnehmen/ sich abwartend verhalten'.

637. Das mit Anglizismen durchsetzte Französisch heißt *franglais*; die Mischsprache aus Portugiesisch und Spanisch *portuñol* (portugiesische Schreibweise *portinhol*).

638. *Vasistas* (von dt. Was ist das?) nennt man auf Französisch ein (kleines) 'Klappfenster'.

639. Nur in Spanien kann man für *tomar el tren* (den Zug neh-men) auch *coger el tren* sagen. In Lateinamerika bedeutet *coger* 'vögeln'.

640. *Bockspringen spielen* heißt auf Englisch: *to play leapfrog* (Froschsprung), auf Französisch: *jouer à saute-mouton* (Schafsprung), auf Italienisch: *giocare alla cavallina* (junge Stute), auf Spanisch: *jugar al salto de potro* (Fohlensprung), auf Portugiesisch: *saltar ao eixo* (Achse/ Welle).

641. Die *Tulpe* (ältere Form *tulipan*, it. *tulipano*, sp. *tulipán*, port. *túlipa*, frz. *tulipe*, engl. *tulip*) hat wegen ihres turbanförmigen Blütenkelchs ihren Namen vom Turban (türk. *tülbent/ tül-bant*, persischen Ursprungs), it./ sp./ port. *turbante*, frz./ engl.*turban*). Das türkische Wort für *Tulpe* ist aber heute *la-le*, das für *Turban kavuk* oder *sarık*.

642. Das *Schleudertrauma* heißt auf Französisch *coup du lapin*, das eigentlich das Töten eines Kaninchens durch Abknicken des Kopfes bezeichnet. Auch das Portugiesische kennt die-sen Ausdruck: *golpe de coelho*. Die italienische Entspre-chung ist *colpo di frusta*, das wie engl. *whiplash(injury)* 'Peitschenhieb(verletzung)' bedeutet. Der spanische Aus-druck lautet: *lesión de latigazo cervical* (Verletzung durch Nacken-Peitschenhieb).

643. *Für jdn. Spalier stehen/ ein Spalier bilden* heißt: it. *fare ala* (Flügel), port. formar *alas/ fileiras* (Flügel/ Reihen), frz. *faire/ former la haie* (Hecke), sp. *formar calle* (Straße), engl. *to form a guard of honour.*

644. Das Spanische weist eine starke Tendenz zum Diph-thongieren auf. So werden ein im Lateinischen betontes kurzes *e* und ein betontes kurzes *o* i m Spanischen zu *ie* bzw. *ue: bene > bien* (gut, Adverb), *terra(m) > tierra* (Er de/ Land), *tenes > tienes* (du hast), *ferru(m) > hierro* (Ei

sen); *bonu(m)* > *bueno* (gut, Adj.), *ponte(m)* > *puente* (Brü cke), *forte(m)* > *fuerte* (stark), *morte(m)* > *muerte* (Tod). Am Wortanfang erscheint immer *hue-*: *ovu(m)* (Ei) > *huevo, olet* (es riecht) > *huele, ossu(m)* (Knochen, klat. *os*) > *hueso*.

645. Der berühmt gewordene Satz *Ich habe fertig*, mit dem Trapattoni seine Wutrede abschloss, ist auf die falsche Übersetzung von *Ho finito* zurückzuführen. Würde ein deutscher Trainer mit ähnlichen Sprachkenntnissen in einer ähnlichen Situation in Italien sagen *Sono finito,* dann würde das bedeuten 'Ich bin erledigt'.

646. Wenn man im Französischen von einem Läufer sagt: *Il est arrivé dans un fauteuil* (Er ist in einem Sessel angekommen), dann hat er 'überlegen/ spielend gewonnen'. Den gleichen Sachverhalt kann man auch durch *Il a gagné les doigts dans le nez* (Er hat mit den Fingern in der Nase gewonnen) ausdrücken.

647. Der italienische Ausdruck *Buonanotte al secchio!* (Gute Nacht dem Eimer) bedeutet: 'Na dann, gute Nacht!' Auf Spanisch sagt man: *¡Apaga y vámonos!* (Mach aus und lasst uns gehen!).

648. Frz. *faire le pont,* it. *fare il ponte,* sp. *hacer puente,* EP *fazer ponte,* BP *emendar o feriado* (den Feiertag verbessern) bedeutet 'ein verlängertes Wochenende machen/ an einem Tag zwischen zwei Feiertagen nicht arbeiten'. Engl. *to make it a three day weekend.*

649. Der französische Ausdruck *nettoyer au Karcher* (mit dem Kärcher reinigen) bedeutet metaphorisch gebraucht 'mit eisernen Besen kehren'.

650. Die Übersetzungen von *schließen*: sp. *cerrar* (spätlat. *serare,* abgeleitet von *sera,* einem kleinen Querbalken zur

Verriegelung der Tür), rät. *serrar*, sard. *serrare*, port. *fechar* (von *fecho* Verschluss/ Türriegel, unbekannte Herkunft), kat. *tancar*, it. *chi̲udere* (spätlat. *cl̲udere*, klass. *cla̲udere*), frz. *fermer* (lat. *firmare* sichern), rum. *închide* (lat. *incl̲udere* einschließen), engl.*to close*.

651. Wenn Italiener *sich taub stellen*, machen sie Ohren wie ein Händler (*fare orecchie da mercante*), so auch die Portugiesen *(fazer ouvidos de mercador)* und die Spanier (*hacer orejas/ oídos de mercader*), die auch den Schweden machen können (*hacerse el sueco*). Franzosen machen das taube Ohr (*faire la sourde oreille*).

652. Frz. *lucarne* bedeutet 'Dachfenster/ -luke' oder auch 'kleines Fenster in einer Mauer'. In der Fußballsprache bezeichnet es den 'Winkel'. Ausdruck: *tirer dans la lucarne* in den Winkel schießen. Das Gegenteil, die untere Ecke, heißt *soupirail* (eigentlich: das Kellerfenster/ -loch).

653. Den scherzhaft gebrauchten Ausdruck *Fußbad* für eine übergelaufene Flüssigkeit gibt es auch im Französischen: *bain de pieds*.

654. In übertragenem Sinn bedeutet it. *avere qc da ve̲ndere* (eigentlich: etwas zu verkaufen haben) 'mit etw. reichlich gesegnet sein': *avere salute da ve̲ndere* vor Gesundheit strotzen, *avere coraggio/ talento da ve̲ndere* sehr viel Mut/ Talent besitzen, *avere ragione da ve̲ndere* völlig recht haben.

655. *Vespasiennes* (auch *colonnes vespasiennes)* hießen die öffentlichen Pissoirs in Paris, die Rambuteau, der Präfekt der Seine, aufstellen ließ. Sie wurden nach dem römischen Kaiser Titus Flavius Vespasianus (69-79 n. Chr.) benannt, der die ersten öffentlichen Bedürfnisanstalten errichten ließ.

Als sein Sohn Titus ihm vorhielt, dass er sogar auf Urin Steuern erhebe, hielt er ihm das eingenommene Geld vor die Nase und fragte ihn, ob er einen üblen Geruch verspüre. Als dieser es verneinte, sagte er: „Und doch ist es vom Urin!" Daher der Ausdruck: Geld stinkt nicht (*Pecunia non olet*).

656. Das Gericht *carpaccio* stammt aus dem Piemont, wo es nach der Stadt Alba in der Provinz Cuneo *carne cruda all'albese* genannt wurde. Seinen neuen Namen bekam es in den sechziger Jahren des 20. Jahrhunderts in Venedig auf Initiative der Cipriani, Betreiber der Harry's bar, anlässlich einer Ausstellung der Werke des Malers Carpaccio (ca. 1465 – 1526).

657. Im Italienischen wird das Wort *tè* nur für den schwarzen Tee (*tè nero*) und grünen Tee (*tè verde*) gebraucht. Lindenblütentee heißt *tisana/ infuso di tiglio*, Pfefferminztee *tisana/ infuso alla/ di menta*; Kamillentee *infuso di camomilla* oder einfach *camomilla*.

658. *Gelb* heißt: frz. *jaune* (lat. *galbinus*), it. *giallo* (aus dem Französischen übernommen), rum. *galben*, sp. *amarillo* (spätl. *amarellus*, Diminutivform von *amarus*, bitter), port. *amarelo*, kat. *groc*, sard. *grogo*.

659. Ein Mensch, der sich wie der (frz.) *âne de Buridan* bzw. (it.) *asino di Buridano* verhält, kann sich nicht entscheiden. In einer dem Philosophen Jean Buridan zugeschriebenen Fabel konnte sich ein Esel nicht entscheiden, ob er zuerst das Heu fressen oder das Wasser trinken solle. So starb er vor Hunger und vor Durst. Im Portugiesischen sagt man *a pensar morreu um burro* (beim Denken starb ein Esel).

660. Der Satz: *Entschuldigen Sie, ich habe mich in der Tür geirrt* lautet: it. *Scusi, ho sbagliato porta,* frz. *Excusez-moi, je me suis trompé de porte,* sp. *Perdón, me he equivocado de puerta,* port. *Desculpe, enganhei-me na porta,* engl. *Excuse me, I'm mistaken in the door.*

661. Das Wort *Jackpot* kommt von engl. *jack* (Bube im Karten spiel) und *pot* (Einsatz/Topf).

662. Der lateinische Satz: *Cum eo eo eo* bedeutet: Ich gehe mit ihm dorthin. Das erste *eo* ist der Ablativ des Demon- strativpronomens *is* (dieser/ er); das zweite *eo* ist das Ad- verb, das dritte *eo* ist die 1. Pers. Sing. Präs. Ind. des Verbs *ire* (gehen).

663. Die Übersetzungen von *schwanger werden* lauten: it. *rimanere incinta,* sp. *quedar embarazada/ encinta,* kat. *quedar embarassada/ encinta,* port. *ficar grávida,* rum. a *rămîne însărcinată/ gravidă* (all diese Verben bedeuten 'bleiben'), frz. *tomber* (fallen) *enceinte,* engl. *to become/ get pregnant.*

664. Der Ausdruck *im Gänsemarsch gehen* wird durch 'in india- nischer Reihe gehen' wiedergegeben: it. *camminare in filia indiana,* port. *marchar em fila indiana,* sp. *ir/ marchar en fila india,* engl. *to walk in Indian file* (oder *in single file*), frz. *marcher en file indienne* (oder *à la queue leu leu; leu* ist die alte Form von *loup* Wolf).

665. *Da läuft mir das Wasser im Mund(e) zusammen* heißt: engl. *It makes my mouth water,* frz. *Ça me fait venir l'eau à la bouche,* sp. *Se me hace la boca agua,* port. *Crece-me água na boca,* it. *Mi fa venire l'acquolina in bocca.*

666. Das Rumänische ist die einzige romanische Sprache, die den bestimmten Artikel an das Substantiv anhängt, z.B. *domn* (Herr)/ *domnul* (der Herr), *cameră* (Zimmer)/ *camera* (das Zimmer, *ă* wird zu *a*), *domni* (Herren)/ *domnii* (die Herren), *camere* (Zimmer, pl.)/ *camerele* (die Zimmer).

667. Der *Handtaschenraub* heißt auf Spanisch *tirón* (Ruck), auf Italienisch *scippo* (unbekannte Herkunft), auf Französisch *vol à la tire* (zu *tirer* ziehen), auf Englisch *bag-snatching* (*to snatch* entreißen).

668. In dem Satz *Wir lesen gerade Caesar* (statt z.B. *De bello Gallico*) liegt eine Metonymie vor (Ersetzung eines Begriffs durch einen mit ihm gedanklich zusammenhängenden; hier steht der Autor für das Werk. In *Er fährt einen Porsche* steht der Erfinder für die Erfindung).

669. Das spanische Fragewort *¿dónde?* (wo?) ist aus *de* + *onde* (lat. *unde* woher) zusammengesetzt. Übersetzt heißt das eigentlich: von woher? *Woher?/ Von wo?* heißt *¿de dónde?* (von von woher?). It. *dove?* (wo?/ wohin?) kommt von *de* + *ove* (lat. *ubi?* wo?). Übersetzt heißt es: von wo?. *Woher?/ Von wo?* heißt *di* bzw. *da dove*. *Di dove sei?* (Woher bist du?). *Da dove vieni?* (Woher kommst du?).

670. Fragt ein deutscher Tourist in einem englischen Restaurant den Kellner *Can you change me?*, so fragt er ihn, ob er ihm die Windeln wechseln könne. Können Sie mir wechseln? heißt *Can you change my money?*

671. Im Englischen ist ein *Knutschfleck* ein Liebesbiss (*love bite*); in den romanischen Sprachen wird gesaugt: it. *succhiotto*, frz. *suçon*, sp. *chupetón*, port. *chupão*.

672. Es gibt in den romanischen Sprachen und im Englischen zwar das Substantiv *Bagatelle*, das auf eine Diminutivform von lat. *baca* (Beere) zurückzuführen ist (frz. *bagatelle*, it. *bagat(t)ella*, sp./ port. *bagatela*, engl. *bagatelle*), aber kein davon abgeleitetes Verb. *Bagatellisieren* heißt: frz. *minimiser*, it. *minimizzare*, sp./ port. *minimizar*, engl. *to minimize*.

673. Bei it. *traduttore - traditore* (Übersetzer – Verräter) lat. *arator – orator* (Pflüger/ Bauer – Redner), *nicht rasen - reisen* liegt die rhetorische Figur Paronomasie vor. Dabei werden Wörter miteinander verbunden, die etymologisch und semantisch nichts miteinander gemein haben, aber ähnlich lauten.

674. Während frz. *cher* im Ausdruck *coûter cher* (teuer sein) unveränderlich ist, kongruiert bei it. *costare caro* das Adjektiv mit dem Subjekt: Frz. *La jupe coûte cher* (Der Rock ist teuer); it. *La gonna costa cara*.

675. Die Redewendung *Die Liebe geht durch den Magen* wird folgendermaßen wiedergegeben: sp. *El amor pasa por el estómago*; port. *O amor passa pelo estômago* (wie im Dt.); frz. *Les petits plats entretiennent l'amour* (Kleine Gerichte halten die Liebe lebendig); it. *Gli uomini si prendono per la gola* (Die Männer packt man bei der Esslust); engl. *The way to a man's heart is through his stomach* (Der Weg zum Herzen eines Mannes geht über seinen Magen).

676. Der Ausdruck *hinter verschlossenen Türen/ unter Ausschluss der Öffentlichkeit* lautet auf Italienisch: *a porte chiuse,* auf Portugiesisch: *à porta fechada/ a portas fechadas,* auf Spanisch: *a puerta cerrada,* auf Französisch: *à huis clos,* Das Wort *huis*, das nur in dieser Wendung vorkommt, leitet sich von lat. *ustium* (klass. *ostium* Tür/ Haustür) ab. Bei *clos* handelt es sich um das Partizip Perfekt des Verbs

*clore* (lat. *claudere*; vgl. engl. *to close*), das von dem Verb *fermer* verdrängt wurde. Abgeleitet von *huis* ist *huissier* (Amtsdiener, *huissier de justice* Gerichtsvollzieher). Ebenso von *ustium* kommt it. *uscio* (Tür, besonders in der Toskana gebraucht) und *usciere* (Amts-/ Gerichtsdiener).

677. Frz. *lavabo* (Waschbecken) ist ursprünglich das Tuch, mit dem sich der Priester nach dem Offertorium die Hände abtrocknet. Bei diesem Wort handelt es sich um die 1. Pers. Sing. Fut. I des Verbs *lavare* (Ich werde waschen). Es ist der Beginn des 6. Verses des XXVI Psalms: *Lavabo inter innocentes manus meas* (Ich wasche meine Hände in Unschuld), den der Priester spricht, wenn er seine Hände nach dem Offertorium wäscht.

678. Märchen werden in den romanischen Sprachen wie folgt eingeleitet: it. *C'era una volta,* frz. *Il était une fois,* sp. *Érase una vez,* port. *Era uma vez,* kat. *Hi havia una vegada,* rät. *Id eira üna jada,* rum. *A fost odată, ca niciodată.* Die Schluss formel lautet: it. *e vissero tutti felici e contenti* (und sie lebten alle glücklich und zufrieden), frz. *et se marièrent et eurent beaucoup d'enfants* (und sie heirateten und bekamen viele Kinder), sp. *y colorín colorado este cuento se ha acabado* (und farbiger Stieglitz diese Geschichte ist zu Ende), port. *e viveram felizes para sempre* (und sie lebten für immer glücklich).

679. Das sprachliche Phänomen, das in dem Satz *Ich habe zwei Frankfurter gegessen* vorliegt, heißt Ellipse (Auslassung eines Redeteils; in diesem Fall 'Würstchen').

680. *Arm in Arm gehen* heißt: frz. *marcher bras dessus bras dessous,* it. *andare a braccetto/ sottobraccio,* sp. *ir de(l) brazo/ de bracero,* port. *ir de braço dado,* engl. *to walk arm in arm.*

681. Die wörtliche Übersetzung von *Napoli, Nowgorod, Neuveville/ Villeneuve* und *Karthago* lautet 'Neustadt'.

682. Der Hinweis *Vor Taschendieben wird gewarnt* lautet auf Französisch: *Méfiez-vous des pickpocke̱ts!*, auf Spanisch: *¡Cuidado con los rateros!*, auf Italienisch: *Attenzione ai borseggiatori!*, im EP: *Cuidado com os carteiristas!*, im BP: *Cuidado com os batedores de carteira!*, auf Englisch: *Beware of pickpockets!*

683. *Hatten Sie eine gute Reise?* heißt: frz. *Avez-vous fait bon voyage?*, it. *Ha fatto buon viaggio?*, port. *Fez uma boa viagem?*, sp. *¿Tuvo un buen viaje?*

684. Der französische Ausdruck für *Software* ist *logiciel,* und für *Hardware* sagt man *matériel.*

685. Für etwas Abhilfe schaffen, wenn es schon zu spät ist, gibt es im Deutschen das Sprichwort *den Brunnen abdecken, wenn das Kind hineingefallen ist.* Im Italienischen schließt man den Stall, nachdem die Ochsen davongelaufen sind (*chiu̱dere la stalla dopo che sono scappati i buoi*).

686. Engl. *houseman* ist ein Assistenzarzt. Der Hausmann heißt *househusband.* Auf Französisch heißt er *homme au foyer,* auf Italienisch *casalingo.*

687. In den Landkreisen Uckermark (Brandenburg) und Uecker-Randow (Vorpommern) wird die Kartoffel *Nudel* genannt.

688. Lat. *-ct-* wird im Italienischen zu *-tt-*: lat. *octo* (acht) it. *otto,* lat. *factu(m)* (gemacht) it. *fatto,* lat. *lectu(m)* (Bett/ gelesen)

it. *letto*, lat. *nocte(m)* (Nacht) it. *notte*, lat. *tectu(m)* (Dach), it. *tetto*, vlat. *lacte(m)* (Milch) it. *latte* (m.). Im Spanischen wird es zu *-ch-*: *ocho, lecho* (lit. Bett, Normalwort *cama*), *techo* (Dach von innen, von außen *tejado*). Dabei wird *a* vor *ch* zu *e*: *leche* (f.), *hecho* (anlautendes *f* wurde zu *h*). Im Portugiesischen wird *-ct-* zu *-it-*: *oito, noite, leitor* (Leser), *feito* (*a* zu *e* wie im Spanischen). Auch im Französischen: *fait, lait* (m.), (mit weiteren Veränderungen) *huit, nuit, toit*.

689.  Von lat. *furca(m)* (Heu-/Mistgabel) sind folgende Bezeichnungen für *Gabel* (Besteck) abgeleitet: engl. *fork*, it. *forchetta*, frz. *fourchette*, kat. *forquilla*. Auf Spanisch heißt die Gabel *tenedor* (Halter), auf Portugiesisch heißt sie *garfo* (vielleicht von lat. *graphium* Griffel).

690.  Für *schön* hatte das klassische Latein zwei Adjektive: *pulcher*, das dem gehobenen Stil angehörte, und *formosus* (abgeleitet von *forma*, Form/ schöne Gestalt und dem Suffix *-osus*, das 'voll von/ reich an' bedeutet), das besonders die äußere Schönheit ausdrückte. Da *pulcher* dem Volk zu abgehoben  erschien, lebt dieses Adjektiv in keiner romanischen Sprache weiter. *Formosus* dagegen hat sich im Spanischen (*hermoso*) und im Rumänischen (*frumos*) erhalten. Das verdrängte Adjektiv *pulcher* wurde durch *bellus* ersetzt, das 'hübsch' bedeutete und im Französischen und Italienischen zum Normalwort wurde (*beau/ bello*).

691.  Wenn man in Italien jemanden auffordert, vom Birnbaum herabzusteigen (*Ma scendi/ vieni giù dal pero!*), so fordert man ihn auf, 'mal halblang zu machen/ herunterzukommen'.

692.  Im Englischen heißt der 2. Weihnachtsfeiertag *Boxing Day*, weil an diesem Tag wohlhabende Familien Angestellten Geld oder andere Geschenke zu geben pflegten. Ein sol-

ches Geschenk hieß *Christmas box*, nach der Sitte, das Geld in einem Kästchen aus Ton zu sammeln. Der Inhalt dieses Kästchens wurde dann verteilt.

693. *¡Que la hora sea corta!* (Möge die Stunde kurz sein!) sagt man in Spanien zu einer Frau, die kurz vor der Entbindung steht.

694. Mit *morbus Bahlsen* bezeichnen Mediziner scherzhaft Debilität bzw. Dummheit. Leidet jemand an *morbus Bahlsen*, hat er eine an der Waffel oder einen weichen Keks.

695. Der Ausdruck *passen wie die Faust aufs Auge* bedeutet meist 'überhaupt nicht passen', kann aber auch das Gegenteil bedeuten 'genau passen'.

696. Der Ausspruch *Die Würfel sind gefallen* lautet auf Latein: *Alea iacta est* (Der Würfel ist geworfen); frz. *Les dés sont jetés*; port. *Os dados estão lançados* (Die Würfel sind geworfen); it. *Il dado è tratto* (Der Würfel ist gezogen); sp. *La suerte está echada* (Das Los ist geworfen);

697. Im Griechischen und Rumänischen lautet die Frage: *Wie geht es dir/ Ihnen?* übersetzt: Was machst du?/ Was machen Sie? *Τι κάνεις/ κάνετε*; [Ti kanis/ kanete]/ *Ce mai faci/ faceţi?* [Tsche mai fatsch/ fatschetz?].

698. It. *tartaruga* und französisch *tortue* haben neben der ursprünglichen Bedeutung 'Schildkröte' noch die Bedeutung 'Tranfunzel/ Transuse'.

699. *Ich nehme zu, wenn ich nur hinschaue* klagt manche Frau; ihre italienische Leidensgefährtin sagt: *Prendo dei chili solo a guardare.*

700. *But contre son propre camp* (Tor gegen sein eigenes Lager) ist der französische Ausdruck für *Eigentor* (neben *autogoal*).

701. Der Zuckerhut in Rio heißt *Pão de Açúcar* (Zuckerbrot). So auch auf Spanisch: *Pan de Azúcar*, auf Französisch: *Pain de Sucre*, auf Italiensch: *Pan di Zucchero*, auf Englisch: *Sugarloaf Mountain.*

702. Wenn Spanier zum ersten Mal den Ausdruck *Auf Wiedersehen!* hören, klingt er für sie wie *¡Aféitense!* (Rasieren Sie sich!).

703. Die Redensart *Eile mit Weile* lautet auf: it. *Chi va piano va sano e va lontano* (Wer langsam geht, geht gesund und kommt weit); sp. *Vísteme despacio, que tengo prisa* (Zieh mich langsam an, denn ich habe es eilig). Diese Redensart geht auf folgende Episode zurück: Ferdinand VII. war in Begleitung seines Adjudanten, kurz bevor er an einer wichtigen Sitzung teilnehmen sollte. Sein nervöser Adjudant wollte den Monarchen in aller Eile ankleiden, schaffte es aber nicht, seine Aufgabe korrekt zu erfüllen, weshalb der Monarch ihn mit diesen Worten anfuhr.); frz. *Hâte-toi lentement* u. lat. *Festina lente* (Beeil dich langsam); port. *Quanto mais depressa mais devagar* (Je schneller, desto langsamer); engl. *More haste, less speed* (Mehr Eile, weniger Schnelligkeit).

704. *Zigarette* (frz. *cigarette*, eigentlich kleine Zigarre) heißt auf Portugiesisch *cigarro;* Zigarre heißt *charuto* (aus engl. *che-*

*root* Stumpen). Auf Spanisch heißt Zigarette *cigarrillo/* (fam.) *pitillo*, Zigarillo heißt *purito* (Diminutivform von *puro* Zigarre), port. *cigarrilha*, it. *sigaretto* (Diminutivform von s*i*garo Zigarre).

705. Die Übersetzungen von *mit dem Rauchen aufhören* lauten: it. sm*e*ttere *di fumare*, frz. *arrêter de fumer*, sp. *dejar de fumar*, port. *deixar de fumar*, engl. *to give up smoking*.

706. Der/ Das *Nugat* heißt auf Italienisch *il gianduia*. Dieses Wort geht auf eine Figur (*Gianduia*) des piemontesischen Volkstheaters zurück, die auf der Hülle der Praline aufgedruckt war.

707. Port. *há*, frz. *il y a* und sp. *hay* (es gibt) kommen von lat. *habet* (es hat) bzw. *habet ibi* (es hat dort; ein Ausdruck, den es nur im Süden Deutschlands gibt).

708. Das diakritische Zeichen, das besonders in slawischen Sprachen einen tsch-Laut (z.B. *čaj* Tee) oder einen stimmhaften Reibelaut (z.B. *inženýr* Ingenieur) angibt, wird *Háček/* Hatschek (tschech. Häkchen) genannt. Im Italienischen heißt dieses Häkchen *pipa* oder *pipetta*.

709. It. *Marinare* (marinieren/ einlegen) *la scuola* bedeutet 'die Schule schwänzen'. Man 'konserviert' also die Schule, um sie an einem anderen Tag zu 'konsumieren'. Auf Spanisch sagt man *hacer novillos* ('Jungstiere machen', bezieht sich auf Schüler, die, anstatt den Unterricht zu besuchen, auf die Weiden gingen und Torero spielten), auf Französisch *sécher l'école* ('die Schule trocknen')/ *faire l'école buissonnière* (heimliche Schule, die auf freiem Feld abgehalten wurde), im EP *fazer gazeta* (Um sich etwas Geld zu verdienen, schrieben Schüler Artikel für Zeitungen. Waren sie unter Zeitdruck, 'machten sie Zeitung', anstatt in die Schule zu gehen). Im BP sagt man *cabular* (Herkunft nicht

geklärt)/ *matar aula* (den Unterricht töten), im BE to *play truant* (*truant* war im 13. Jh. jemand, der aus freien Stücken, nicht aus Not bettelte. Später wurde der Ausdruck auf Kinder übertragen, die unerlaubt der Schule fernblieben)/ AE to *play hooky* (Erklärungsversuche: 1. *to hook it* weglaufen, 2. *to do sth on one's own hook* etw. auf eigene Faust machen, 3. niederl. *hoekje* Versteckspiel). Schwänzen kommt aus dem Rotwelschen *schwentzen,* das 'herumschlendern' be deutet.

710. *Ich habe den/ einen Schluckauf* heißt auf Spanisch: *Tengo hipo,* auf Portugiesisch: *Estou com/ Tenho soluços,* auf Italienisch: *Ho il singhiozzo,* auf Französisch: *J'ai le hoquet,* auf Englisch: *I have (the) hiccups.*

711. Das italienische Adjektiv *egregio,* das z.B. in der Anrede verwendet wird (*Egregio signor Rossi* Sehr geehrter Herr Rossi) leitet sich von lat. *egregius* (*e grege* aus der Herde (zu ergänzen) herausragend) ab.

712. Die einzigen romanischen Sprachen, die für *wissen* kein von s*a*pere abgeleitetes Wort haben, sind das Rumänische und das Sardische: *a şti* und *ischire* (von lat *scire*).

713. In dem von Caesar stammenden Ausspruch *Veni, vidi, vici* (Ich kam, ich sah, ich siegte) sind mehrere Stilmittel enthalten: 1. Trikolon (Dreigliedrigkeit einer Aussage); 2. Alliteration (gleicher Anlaut aufeinanderfolgender Wörter); 3. Homoioteleuton (gleicher Ausgang aufeinander folgender Wörter; 4. Asyndeton (Reihung gleichgeordneter Wörter, Wortgruppen oder Sätzen ohne verbindende Konjunktionen); 5. Klimax (Steigerung vom weniger Bedeutenden zum Wichtigeren).

714. Das *Taschentuch* heißt: it. *fazzoletto* (vlat. *\*faciolu(m)*, abgel. von *facies*, Gesicht), rät. *fazöl*, port. *lenço* (lat. *linteum*,
Lein    tuch), sp. *pañuelo* (Diminutiv von *paño*, kleines
Tuch, von lat. *pannu(m)*, Stück Tuch), rum. *batistă*. Von lat.
*mucus* (Nasenschleim/ Rotz) sind abgeleitet: kat. *mocador*,
sard.    *muccadore*, frz. *mouchoir*. Im Deutschen gibt es den
derben Ausdruck 'Rotzlappen'. Die niederländische Entsprechung lautet *zakdoek*, 'Sacktuch', ein Ausdruck, den man in
Süddeutschland, Österreich und der Schweiz kennt. Das
Element *kerchief* in engl. *handkerchief* (Kurzform *hankie/
hanky*) kommt aus dem Altfranzösischen *cuevrechief*
(*couvrir*, bedecken und *chief*, von lat. *caput*, Kopf) und war
ursprünglich ein Kopftuch.

715. Der Ausdruck *mutterseelenallein*, der so urdeutsch klingt,
kommt von frz. *moi tout seul* (ich ganz allein), das zu 'mut-
terseel' eingedeutscht, aber nicht mehr verstanden wurde.
Erst durch Hinzufügung von 'allein' hatte es wieder Sinn.
Auf Italienisch sagt man *solo soletto/ solo come un cane*
(allein wie ein Hund), auf Portugiesisch *completamente so-
zinho*, auf Spanisch *solo como un hongo* (allein wie ein
Pilz), auf Englisch *all on one's own*.

716. Der *Zigarettenstummel* wird auf Italienisch *cicca* (von frz.
*chique* Kautabak/ Priem), auf Französisch *mégot* (von dial.
*mégauder*, saugen), auf Spanisch *colilla* (dim. von *cola*
Schwanz/ Ende), im EP *beata*, im BP *baeta/ guimba* (Herkunft nicht geklärt) genannt.

717. Im Spanischen bezeichnet man das *Flegelalter* als *la edad
del pavo* (das Alter des Truthahns), im Französischen und
Italienischen als das 'undankbare Alter' (*l'âge ingrat/ l'età
ingrata*).

718. Das *Phantombild* ist im Französischen, im Spanischen und
im EP ein 'Roboterportrait' (*portrait-robot/ retrato robot/ re-*

*trato-robô*). Im BP ist es ein 'gesprochenes Portrait' (*retrato falado*); im Englischen und im Italienischen heißt es *identikit* (*Identi-Kit*, Warenzeichen in USA).

719. Der *Zeh*/ die Zehe heißt: port. *o dedo do pé*, sp. *el dedo del pie*, it. *il dito del piede* (der Finger des Fußes); die große Zehe port. *o polegar do pé* (der Daumen des Fußes)/ *o dedo grande do pé*, sp. *el dedo gordo del pie*, it. *l'alluce* (m.)/ *il ditone*/ (fam.) *il dito grosso*, frz. *le gros orteil (m.)*.

720. Frz. *bonnet* ist nicht nur die 'Mütze' , sondern auch das ' Körbchen' des BH (it. *coppa*, sp./ port. *copa*, engl. *cup*).

721. *¡Castigado/a sin postre!* ruft eine spanische Mutter ihrem Jungen/ ihrer Tochter zu, wenn er/ sie zur Strafe keinen Nachtisch bekommt (wörtl. Bestraft ohne Nachtisch). Weitere Formulierung: *Te vas a quedar sin postre* (wörtl. Du wirst ohne Nachtisch bleiben). Die französische Mutter sagt: *Je vais te priver de dessert./ Tu seras privé/e de dessert.*

722. Bei der Übersetzung folgender Adjektive ins Italienische ist bei den Endungen Vorsicht geboten: ein fotogenes Gesicht *un viso fotogenico*, eine vegetarische Pizza *una pizza vegetariana*, die theoretische Kenntnis *la conoscenza teorica*, eine konservative/ progressive Partei *un partito conservatore/ progressista* (*progressivo* bedeutet 'zunehmend/ allmählich fortschreitend'), ein imposanter Ausblick *una vista imponente*, eine paradiesische Landschaft *un paesaggio paradisiaco*, drakonische Maßnahmen *misure draconiane*, die finanzielle Situation *la situazione finanziaria*, massives Gold *oro massiccio*, mit jdm. solidarisch sein *essere solidale con qu.*

723. Einer, der sein Mäntelchen nach dem Wind hängt, ein Opportunist/ ein Wendehals wird im Italienischen *voltagabbana*

(*voltare* wenden, *gabbana* Überrock/ Mantel), im Portugiesischen *vira-casacas* (*virar* wenden, *casaca* Frack), im Französischen *girouette* (Wetterfahne), im Spanischen *chaquetero* genannt.

724. Im Rumänischen gibt es für *Freund* zwei Wörter: *prieten* (Wort aus dem slawischen Wortschatz) und *amic*. Dabei bezeichnet *prieten* einen engen Freund, während *amic* jemand ist, mit dem man befreundet ist, den man aber nicht besonders gut kennt.

725. Ein Spanier, der vom Esel fiel/ abstieg (*cayó/ se bajó/ se apeó del burro*) hat seinen Irrtum eingesehen oder in einer Sache nachgegeben.

726. Das russische Wort für *Krawatte* (*галстук*, [galstuk] ist eine Übernahme des deutschen Wortes 'Halstuch'; ebenso stammt *бюстгальтер* [bjustxalter], der Büstenhalter, aus dem Deutschen.

727. *Donald Duck* heißt auf Italienisch *Paperino* und Daisy Duck *Paperina*.

728. Die Handelskette *Spar* (niederl. Tanne) heißt in Italien *Despar* (niederl. *de spar* die Tanne). Daher das Spar-Logo. *Cameo* ist der italienische Markenname von Dr. August Oetker KG.

729. *Die französische Schweiz* heißt auf Französisch *la Suisse romande*.

730. *Krawatte* war ursprünglich ein von kroatischen Reitern im 30-jährigen Krieg getragenes Halstuch. Kroatisch lautete im älteren Französisch: *cravate*.

731. *Pudelnass* wird folgendermaßen ausgedrückt: sp. *calado hasta los huesos*, port. *molhado até aos ossos*, frz. *trempé jusqu'aux os* (durchnässt bis auf die Knochen)/ *comme une soupe* (Suppe)/ *comme un canard* (Ente), it. *bagnato come un pulcino* (Küken).

732. Das lateinische Sprichwort *Duobus litigantibus tertius gaudet* (Wenn zwei sich streiten freut sich der dritte) lautet auf Italienisch *Tra due litiganti il terzo gode*.

733. *Für kleine Jungen/ Mädchen gehen* heißt auf Französisch: *aller au petit coin* (in die kleine Ecke gehen).

734. Dass in den romanischen Sprachen die abgeleiteten Adverbien von der femininen Form des Adjektivs abgeleitet werden (z.B. frz. *lentement*, it. *lentamente* langsam) rührt daher, dass die Endung *-ment/-mente* auf den Ablativ des femininen lat. Substantivs *mens* (Geist/ Sinnesart) zurückgeht. So wurde z.B. aus lat. *honesta mente* (mit ehrlicher Sinnesart) it. *onestamente* (auf ehrliche Art und Weise/ ehrlich). Der Ursprung dieser Bildung zeigt sich noch im Spanischen, wo keine zwei aufeinanderfolgenden Adverbien auf -*mente* stehen können: *hablar clara y distintamente* (klar und deutlich sprechen).

735. Die Interjektion *husch* lautet auf Italienisch *sciò*. Mit *sciò, sciò* [scho] werden z.B. Hühner vertrieben.

736. *Damigiana* wird im Italienischen die 'große Korbflasche' genannt. Das Wort kommt wahrscheinlich aus dem Französischen, wo sie *dame-jeanne* (Dame Johanna) heißt. Es liegt hier eine Personifizierung des Behältnisses vor. Umgangssprachlich bezeichnet *damigiana* auch eine Frau mit breiten Hüften.

737. Dt. *Garten*, engl. *garden*, lat. *hortus*, it. *giardino*, sp. *jardín* gehen alle auf die indogermanische Wurzel *gher-* zurück, die 'einfrieden' bedeutet.

738. Frz. *ver* Wurm (lat. *vermis*), *verre* Glas (lat. *vitrum*), *vers* Vers; in Richtung auf/ gegen (lat. *versus*), *vert* grün (lat. *viridis*) sind Homophone (gleichklingende Wörter). Sie werden alle [vɛR] ausgesprochen.

739. Hier einige italienische Namen, die oft (auch im Fernsehen!) falsch betont werden. Der betonte Vokal ist unterstrichen: *Cesare, Davide, Paolo, Paola, Stefano, Modena, Cesena, Pavia, Lombardia, Taranto.*

740. *Danke, gut* heißt (in umgekehrter Reihenfolge): frz. *bien, merci* (*merci bien* bedeutet vielen Dank), it. *bene, grazie*, sp. *bien, gracias*, port. *bem, obrigado/a*, engl. *fine, thanks*, gr. *καλά, ευχαριστώ*; rum. (Reihenfolge wie im Deutschen) *mulţumesc, bine.*

741. *Wo gehobelt wird, fallen Späne* sagt man im Deutschen. In anderen Sprachen muss man Eier zerbrechen, um ein Omelett/ Omeletts zu machen: frz. *On ne fait pas d'omelette sans casser des œufs*, sp. *No se hacen tortillas sin huevos*, it. *Non si fanno frittate senza rompere uova*, port. *Não se*

*fazem omeletes sem ovos*, engl. *Omelets are not made without breaking eggs.*

742.  *Meine bessere Hälfte* heißt auf Englisch: *my better half,* auf Italienisch und Französisch: *la mia dolce metà/ ma (douce) moitié* (meine süße Hälfte), auf Spanisch und Katalanisch: *mi media naranja/ la meva mitja taronja* (meine halbe Orange); kat. auch: *la meva costella* meine Rippe), auf Portugiesisch: *a minha cara-metade* (meine liebe Hälfte).

743.  Eine Mutter, die gerade einige Französisch-Stunden hinter sich hatte, fragte am Strand eine französische Mutter, die ihr sympathisch war: *Est-que je peux vous tuer?* Die Französin schaute sie verstört an, denn übersetzt lautet der Satz: Kann ich Sie töten? *Kann ich Sie duzen?* heißt auf Französisch: *Est-ce que je peux vous tutoyer?*

744.  *Eine halb volle/ leere Flasche* heißt auf it. *una bottiglia mezzo/ mezza piena/ vuota,* sp. *una botella medio llena/ vacía,* frz. *une bouteille à demil à moitié pleine/ vide,* port. *uma garrafa meio cheia/ vazia,* engl. *a half-full/ half-empty bottle.*

745.  Lat. *populus* (mit kurzem *o*) bedeutet 'Volk' (it. *popolo,* rum. *popor,* sp. *pueblo,* kat. *poble,* frz. *peuple,* port. *povo,* engl. *people*); mit langem *o* bedeutet es 'Pappel' (frz. *peuplier,* ital. *pioppo,* port. *choupo,* engl. *poplar*). Auf Spanisch heißt die Pappel *álamo* (Herkunft unbekannt, vielleicht vorrömisch): *chopo* ist die Schwarzpappel.

746.  Die *Mehrwertsteuer/ Mwst* heißt auf Italienisch: *imposta sul valore aggiunto (IVA),* auf Französisch: *taxe à la valeur ajoutée (T.V.A.),* auf Spanisch: *impuesto sobre el valor añadido (IVA),* auf Portugiesisch: *imposto sobre o valor ac-*

*rescentado (IVA),* auf Englisch: *value added tax (VAT).* Die Übersetzung lautet jeweils 'hinzugefügter Wert':

747. Die einzige romanische Sprache, die lat. *magnus* (groß) bewahrt hat, ist das Sardische (*mannu*). Das Haus ist groß: *Sa domo es manna* (lat. *Domus magna est*).

748. Der Satz *Ich habe ihr über die Straße geholfen* wird in den romanischen Sprachen mit 'Ich habe ihr geholfen, die Straße zu überqueren' übersetzt: frz. *Je l'ai aidée à traverser la rue*; it. *L'ho aiutata a(d) attraversare la strada*; sp. *La ayudé a cruzar/ atravesar la calle*; port. *Ajudei-a a atravessar a ua.* Auf Englisch sagt man wie im Deutschen *I helped her over the street.*

749. *Ich habe meine Tage* heißt auf Italienisch: *Ho le (mie) regole/ il (mio) ciclo/* (umg.) *le mie cose* (meine Sachen), auf Französisch: *J'ai mes règles*, auf Spanisch: *Tengo la regla*, auf Portugiesisch: *Estou com o período*, auf Englisch: *I'm having my period.*

750. Den Ausdruck *Ich kann es nicht erwarten, zu ...* wird im Italienischen und im Griechischen durch 'Ich sehe nicht die Stunde, zu' wiedergegeben: *Non vedo l'ora di tornare a casa,/ Δε βλέπω την ώρα να γυρίσω σπίτι* (Ich kann es nicht erwarten, nach Hause zurückzukehren).

751. In einer Prüfung zum Bundessprachenwettbewerb wurde eine Kandidatin gefragt: *What did you do last night?* (Was haben Sie gestern Abend gemacht?) Sie antwortete: *As I was tired, I went to bed very early with a criminal roman* (Da ich müde war, ging ich sehr früh mit einem kriminellen Römer, *Roman*, ins Bett). Der Kriminalroman heißt auf Englisch *detective novel.*

752. Bei der Formulierung *Wir wohnen alle unter ein und demselben Dach* liegt das Stilmittel *pars pro toto* (ein Teil für das Ganze) vor.

753. *Der Prügelknabe sein* heißt: it. *essere la testa di turco,* frz. *être la tête de Turc,* sp. *ser la cabeza de turco,* port. *ser a cabeça-de-turco* (Türkenkopf): Herkunft des Ausdrucks: Auf Jahrmärkten gab es Buden, in denen man mit Bällen aus Lumpen auf Marionetten warf, die als Türken verkleidet einen Turban auf dem Kopf trugen. Port. auch *ser o bombo da festa* (die große Festtrommel sein, auf die geschlagen wird). Herkunft des Wortes Prügelknabe: ein Knabe einfachen Standes, der mit einem Fürstensohn zusammen erzogen wurde und die Prügel bezog, die jener verdiente. Engl. *whipping* (Prügel) *boy. Der Sündenbock sein* (ursprünglich der mit den Sünden des jüdischen Volkes be ladene und in die Wüste gejagte Bock, nach 3. Mos. 16, 21f.): it. *essere il capro espiatorio* (it. *espiare* sühnen/ büßen), port. *ser o bode expiatório,* sp. *ser el chivo emisario* (von lat. *emissus* ausgeschickt), frz. *être le bouc émissaire.*

754. It. *errore* (m.) und frz. *erreur* (f.) entsprechen sich, aber nicht in folgenden Ausdrücken: *errore di battitura* (Tippfehler)/ *faute de frappe, errore grammaticale* (grammatischer Fehler)/ *faute de grammaire, errore di ortografia* (orthographischer Fehler)/ *faute d'orthographe, errore di stampa* (Druckfehler)/ *faute d'impression, errore di distrazione* Flüchtigkeitsfehler)/ *faute d'ètourderie.*

755. *He/ She has got a day off* bedeutet: Er/ Sie hat einen freien Tag bekommen. *It was his/ her off day* bedeutet: Er/ Sie hatte einen schlechten Tag.

756. Im Italienischen bedeutet *testa* 'Kopf', wie auch *tête* im Französischen. Im Portugiesischen bedeutet es 'Stirn'. *Testa* bezeichnete im späteren Latein ein Tongefäß. Im gespro-

chenen Latein (mit der Bedeutung Tonscherbe) wurde es scherzhaft auf die Hirnschale/ den Schädel und später auf den Kopf übertragen und ersetzte in einem großen Teil der Romania das lat. Wort *caput*.

757. *Eine warnende Stimme* wird im Italienischen *grillo parlante* (sprechende Grille) genannt, nach der Figur aus dem italienischen Kinderbuch *Le avventure di Pinocchio* von Carlo Collodi.

758. Beim Übergang vom Lateinischen zu den romanischen Sprachen kann es zuweilen zum Genuswechsel kommen, wie z.B.: *pariete(m)* (m., Wand) > it. *la parete*, sp. *la pared*, port. *a parede*; frz. *la paroi* (Seiten-/Zwischenwand). Dieser Wechsel muss aber nicht jede romanische Sprache betreffen, z.B. *dente(m)* (m, Zahn) > sp. *el diente*, it. *il dente*, port. *o dente* aber: frz. *la dent; flore(m)* (m., Blume) > it. *il fiore*, aber: frz. *la fleur*, sp. *la flor*, port. *a flor; ponte(m)* (m., Brücke) > it. *il ponte*, sp. *el puente*, frz. *le pont*, aber: port. *a ponte; origine(m)* (f., Ursprung) > frz. *l'origine*, it. *l'origine*, port. *a origem*, aber sp. *el origen*, kat. *l'origen; arbore(m)* (f., Baum) > port. *a árvore*, aber maskulin: frz./ kat. *l'arbre*, it. *l'albero*, sp. *el árbol*. Das rumänische Wort *pom* (m.) kommt von lat. *pomu(m)* (Obstfrucht/ unkl. Obstbaum); *mel, mellis* (n., Honig) > it. *il miele*, frz. *le miel*, port. *o mel*, aber: sp. *la miel*, kat. *la mel*, rum. *mierea*.

759. *Fare un'alzataccia* (dabei ist *-accia* ein Pejorativsuffix) sagt man auf Italienisch, wenn man sehr früh/ in aller Herrgottsfrühe aufsteht. *Ho fatto un'alzataccia per prendere il primo treno* (Ich bin in aller Herrgottsfrühe aufgestanden, um den ersten Zug zu bekommen).

760. Die Redewendung *Was man versprochen hat, muss man (auch) halten* lautet auf Italienisch: *Ogni promessa è debito* (Jedes Versprechen ist eine Schuld), auf Portugiesisch: *O prometido é devido* (Das Versprochene schuldet man).

761. Der Satz *Das ist eine Übersetzung, die es in sich hat,* wird folgendermaßen wiedergegeben: sp. *Esta es una traducción que se las trae,* port. *Esta tradução tem que se lhe diga,* it. *Questa traduzione non è tra le più facili,* frz. *Cette traduction est plus compliquée que ça en a l'air,* engl. *This translation is a tough one.*

762. Das *Komma* (lat. *virgula* kleine Rute/ Stäbchen, it. *virgola,* frz. *virgule*) wurde von dem venezianischen Buchdrucker und Verleger Aldus Pius Manutius (geb. 1449 in Bassiano, gest. 1515 in Vendig) erfunden. Ebenso ist er der Erfinder des Punkts, des Strichpunkts und des Akzents.

763. Die *Abc-Schützen* nannte man auf Italienisch *remigini.* Der Schulanfang war in Italien früher am 1. Oktober, dem Fest des heiligen Remigius. Schulanfänger/ Erstklässler heißen heute: *alunni che cominciano la scuola elementare* (Schüler, die die Grundschule beginnen). Weitere Übersetzungen: BE *first-formers,* AE *first-graders,* sp. *chicos de primer grado,* port. *alunos do primeiro ano* frz. *élèves de première année.* Apropos Schütze: In diesem Zusammenhang hat es nichts mit dem Verb schießen zu tun. Die Bedeutung 'Anfänger' ist dem lateinischen Substantiv *tiro* (Rekrut/ Anfänger) entlehnt, das man fälschlicherweise mit französisch *tirer* und italienisch *tirare* (schießen) in Verbindung gebracht hat.

764. *Giustificazione* (Rechtfertigung) heißt auf Italienisch die Entschuldigung, die Eltern wegen der Abwesenheit ihres Kindes vom Unterricht schreiben.

765. Das einzige französische Wort bei dem das *e* von *presque* (fast) elidiert wird, ist *presqu'île* (Halbinsel; Normalwort). Bei diesem Wort handelt es sich um die Übertragung von lat. *paeninsula* (*paene* – fast; wörtl. die Fast-Insel). Das davon abgeleitete *péninsule* ist der wissenschaftliche Terminus und wird nur auf große Halbinseln angewandt, z.B. *la péninsule ibérique* (die Iberische Halbinsel).

766. Das Wort *Mayonnaise* ist eine Entstellung von *mahonnaise,* das sich von *Mahón,* der Hauptstadt der Baleareninsel Menorca, ableitet. Dieser Name ist seinerseits eine Entstellung des Namens seines karthagischen Gründers *Magon,* des Bruders und Gefährten von Hannibal während des 2. Punischen Krieges (218-202). 1756, als die Truppen des duc de Richelieu die Stadt einnahmen und die Engländer vertrieben, erfand sein Koch das Rezept für diese neue Sauce, indem er Eier, Öl und Essig vermengte.

767. Während man im Deutschen aus *allen* Wolken fällt, fällt man im Italienischen, Französischen, Portugiesischen und Griechischen nur aus *den* Wolken: *cad̲e̲re dalle nu̲vole/ tomber des nues/ cai̲r das nuvens/ πέφτω από τα σύννεφα.*

768. Kein Franzose ist sich bewusst, dass es sich bei der Negationspartikel *pas* (z.B. *Je ne comprends pas* Ich verstehe nicht) ursprünglich um das Substantiv *pas* (Schritt) handelt. Im gesprochenen Latein konnte z.B. *non vado* (ich gehe nicht) durch den Zusatz von *passum* (Schritt) verstärkt werden (*non vado passum*). Dieser Gebrauch war nur auf Verben der Bewegung beschränkt. Das Französische setzte diesen Gebrauch fort und weitete ihn auf alle Bereiche aus.

769. In folgenden französischen Wörtern wird das *s* am Ende ausgesprochen: *anus* After, *atlas, clitoris, Damas* Damaskus (in *damas* "Damast" wird das s nicht ausgesprochen), *Damoclès* Damokles, *jadis* einstmals, *myosotis* Vergissmeinnicht, *oasis* Oase, *os* Knochen (im Plural wird das -*s* nicht ausgesprochen), *penis* Penis, *pubis* Schamberg, *rhinocéros* Nashorn, *tétanos* Tetanus, *thermos* Thermosflasche; fakultativ ist die Aussprache des -*s* in *moeurs* (Sitten).

770. Das französische Wort *mûr* (reif) kommt von lat. *maturu(m)* (it. *maturo*, sp./ port. *maduro*/ rum. *matur*). Es ist durch Laut-veränderung von drei Silben auf eine Silbe geschrumpft. Die Reife dagegen heißt *la maturité*.

771. *Lampione* bedeutet im Italienischen 'Straßenlaterne', wäh-rend der *Lampion lampioncino* heißt. Die *Laterne* (tragbare Leuchte) heißt *lanterna.* Der Ausdruck *die rote Laterne in-nehaben/ das Schlusslicht sein* (beim Sport letzter Tabel-lenplatz) wird durch *essere il fanalino di coda* wieder-gegeben.

772. Der *Kuhfladen* heißt auf Französisch *bouse de vache;* in einen Kuhfladen treten *marcher dans une bouse (de va-che).* Das Wort *bouse* ist wahrscheinlich vorrömischen Urs prungs.

773. Der Ausdruck *Ich bin gespannt/ neugierig, ob ...* lautet auf Italienisch: *Sono curioso/a di sapere se ...,* auf Französisch: *Je suis curieux/euse de savoir si ...,* auf Spanisch: *Estoy curioso/a por saber si ...,* auf Portugiesisch: *Estou curioso/a em/ por/ para/ de saber se ...*

774. *Wer A sagt, muss auch B sagen* wird folgendermaßen ausgedrückt: engl. *If you make your bed, you've got to lie in it* (Wenn man sein Bett macht, muss man darin liegen), frz. *Quand le vin est tiré, il faut le boire* (Wenn der Wein abge-zogen ist, muss man ihn trinken), it. *Quando si è in ballo bisogna ballare* (Wenn man beim Tanz ist, muss man tan zen), sp. *A lo hecho, pecho* ('Dem Geschehenen, Brust'; *pecho* steht hier für *ánimo*, Mut). Auf Portugiesisch sagt man: *É uma questão de coerência* (Es ist eine Frage der Konsequenz)/ *Tem que se ser coerente/ Há que/ É preciso ser coerente* (Man muss konsquent sein).

775. *Warum? Darum!* heißt auf Italienisch *Perché? Perché sì*, auf Spanisch *¿Por qué? ¡porque sí!*, auf Portugiesisch *Por quê? Porque sim!* auf Französisch *Pourquoi? parce que!* Auf Englisch *Why? (Just) because!*

776. Nicht alle romanischen Sprachen haben das ursprünglich aus dem Nahuatl (mittelamerikanische Indianersprache) stammende Wort *Tomate* (*tomatl*, sp./ port./ frz. *tomate*, kat. *tomàquet/ tomata/ tomàtec*, rät. *tomata*) übernommen. Tomate heißt auf Italienisch *pomodoro* (Goldfrucht), auf Rumänisch *roşie* (von *roşu* rot). *Ντομάτα* heißt sie auf Griechisch, auf Türkisch *domates.* Das russische Wort lautet (fast) wie das italienische *помидор*.

777. Das *schwarze Brett* wird auf Italienisch *albo* (von lat *albu(m)*, weiße Tafel) genannt.

778. Die Übersetzungen von *auf den Sankt-Nimmerleins-Tag verschieben* lauten: sp. *aplazar para las calendas griegas*, port. *adiar para as calendas gregas,* it. *rimandare alle calende greche*, frz. *renvoyer aux calendes grecques.* Her kunft: Das Datum existiert nicht. Der griechische Kalender hatte keine 'Kalenden'. Im römischen Kalender waren die *Kalendae* der 1. Tag des Monats.

*Am Sankt-Nimmerleins-Tag* (bildliche Ausdrücke mit Tiernamen): sp. *cuando las ranas críen pelos* (wenn die Frösche Haare bekommen)/ *cuando meen las gallinas* (wenn die Hühner pissen), it. *quando gli asini voleranno* (wenn die Esel fliegen), port. *quando os porcos voarem* (wenn die Schweine fliegen)/ *quando a vaca tussa* (wenn die Kuh hustet), frz. *quand les poules auront des dents* (wenn die Hühner Zähne haben), BE *and pigs might fly/* AE *when pigs fly* (wenn Schweine fliegen).

Außerdem: frz. *à la saint-glinglin/ la semaine des quatre jeudis* (in der Woche der vier Donnerstage), port. *no dia de São nunca* (am Tag des heiligen Niemals).

779. Frz. *passer un examen de qc* bedeutet 'eine Prüfung in etw. machen/ ablegen' (nicht: bestehen). Eine Prüfung bestehen heißt: *réussir (à) un examen/ être reçu à un examen/ passer un examen avec succès.*

780. Auf Deutsch sagt man *jdm. den Rücken zukehren,* so auch sp. *volver/ dar la espalda a alg.* port. *virar/ voltar as costas a alg.,* frz. *tourner le dos à qn.,* engl. *to turn one'a back on sb;* im Italienischen kehrt man jdm. die Schultern zu: *volta re/ girare le spalle a qu.*

781. *Cynar,* der aus Blättern und Stengeln von Artischocken bestehende Aperitif oder Verdauungstrunk (16% Alkohol), hat seinen Namen von dem lateinischen/ griechischen Wort für Artischocke: *cynara/ κίναρα/ κινάρα.*

782. Die *E-Mail* ist auch feminin im Italienischen: *mandare una e-mail* eine E-Mail schicken; maskulin ist sie im Portugiesischen: *mandar um e-mail,* im Spanischen: *mandar un e-mail* sowie im Französischen: *envoyer un e-mail.*

783. Das Wort *barbecue* kommt aus der karibischen Indianersprache Taino und bedeutet: 'Lager aus Weidengeflecht und dort im Erdloch zubereiteter Braten'.

784. *Nadel und Faden* heißt auf Italienisch: *ago e filo* (lat. *acus, us* f., *hilum*), auf Spanisch: *aguja e hilo/ aguja y hebra* (lat. *fibra,* Faser), auf Französisch: *aiguille et fil,* auf Portugie-

sisch: *agulha e linha* (lat. *linea*, Richtschnur), auf Englisch *needle and thread*. Außer it. *ago* gehen alle Formen auf das Diminutivum *acucula* zurück.

785.   Verschieden betont werden: lat. *cadere* it. *cadere* (fallen), lat. *sapere* (schmecken/ Verstand haben) it. *sapere* (wissen/ *sapere di qc* nach etw. schmecken), lat. *ridere* it. *ridere* (lachen).

786.   Von einer Frau, die viel Charme besitzt, sagt man auf Spanisch: *Tiene mucho ángel* (Sie hat viel Engel).

787.   Der *Hals* heißt: lat *collu(m)*, it. *collo*, sp. *cuello*, frz. *cou*, port. *pescoço*. Die *Kehle*: it. *gola* (lat. *gula*, Schlund, auch Schlemmerei), sp./ port. *garganta* (onomatopoetisch), frz. *gorge* (vlat.* *gurga*, klat. *gurges* Schlund). Ich habe Halsschmerzen: it. *Ho mal di gola*, sp. *Me duele la garganta/ Tengo dolor de garganta*, port. *Dói-me a garganta/ Estou com dores de garganta/ Tenho dor de garganta*, frz. *J'ai mal à la gorge*. Merke: *le soutien-gorge* der Büstenhalter. In diesem Fall ist *gorge* ein literarischer Ausdruck für *poitrine de femme* (Brust einer Frau).

788.   *Geschehen ist geschehen* heißt: sp. *Lo hecho hecho está*; it. *Quel che è fatto è fatto*; frz. *Ce qui est fait est fait*; port. *O que está feito está feito*; engl. *What's done is done*. Außerdem gibt es im Italienischen und im Englischen den bildhaften Ausdruck: *È inutile piangere sul latte versato/ It's/ There's no use crying over spilled milk* (Es ist unnütz verschütteter Milch nachzutrauern).

789.   Das Verb *sich räuspern* wird in vielen Fällen durch zusammengesetzte Ausdrücke wiedergegeben: engl. *to clear*

*one's throat*, it. *raschiarsi la gola*, frz. *se racler la gorge/ s'éclaircir la voix*, sp. *carraspear/ aclarar la voz/ aclarar la garganta*, port. *pigarrear.*

790. It. *olio di gomito* und frz. *huile de coude* (Ellbogenöl) bzw. engl. *elbow grease* (Ellbogenfett) bezeichnet umgangssprachlich Muskelkraft und Einsatz. Ital. *Qui ci vuole olio di gomito* (Hier muss man tüchtig anpacken), frz. *mettre de l'huile de coude* Kraft aufwenden, engl. *to use some elbow grease* sich ordentlich ins Zeug legen; *Come on, use some elbow grease!* (Los, Leute, etwas mehr Einsatz bitte!).

791. Für *heiraten* gibt es im Lateinischen verschiedene Ausdrücke, je nachdem ob von einer Frau (*nubere* + Dativ) oder von einem Mann (*in matrimonium ducere* in die Ehe führen/ *uxorem ducere* als Gattin heimführen) die Rede ist: Claudia hat Marcus geheiratet: *Claudia Marco nupsit.* Marcus hat Claudia geheiratet: *Marcus Claudiam uxorem/ in matrimonium duxit.* Sie haben geheiratet: *Matrimonio (con)iuncti sunt/ Nuptiis inter se iuncti sunt.* Dieser Unterschied wird auch in den slawischen Sprachen gemacht, so z.B. wird im Russischen жениться на + Präpositiv gebraucht, wenn von einem Mann die Rede ist, выходить замуж за + Akkusativ, wenn von einer Frau die Rede ist: Pawel hat Nina geheiratet: *Павел женился на Нине.* Nina hat Pawel geheiratet: *Нина вышла замуж за Павла.* Pawel und Nina haben geheiratet: *Павел и Нина поженились.*

792. Wörter mit der indgogermanischen Wurzel *men/mem* haben etwas mit 'Geist' zu tun: z.B. lat. *mens* Geist, *meminisse/ reminisci* sich erinnern, agr. *μιμνήσκομαι* sich erinnern, dt. meinen, lat. *mentiri* lügen, *mentio* Erwähnung, *memoria* Gedächtnis, *demens* wahnsinnig/ unsinnig usw.

793. Der Begriff *Patchworkfamilie* wird in den romanischen Sprachen durch 'wieder/ neu zusammengesetzte Familie' wiedergegeben: frz. *famille recomposée*, it. *famiglia ricomposta*, sp. *familia recompuesta*, port. *família recomposta*.

794. *Im Akkord arbeiten* heißt: port. *trabalhar por ajuste* (nach Vereinbarung)/ *de empreitada* (nach Vertrag), sp. *trabajar a destajo* (*destajar* Arbeitsbedingungen festlegen), it. *lavorare a cottimo* (Herkunft nicht geklärt), frz. *travailler à la pièce/ aux pièces* (Stück/e), engl. *to do piece-work*.

795. Der italienische Ausdruck für *Callgirl* (*call girl*) ist *ragazza squillo* (*lo squillo* ist das Klingeln des Telefons). Engl. *callboy* ist im Theater der Inspizientengehilfe, der die Schauspieler zu ihrem Auftritt ruft. *Callboy* mit der Bedeutung 'junger Mann, der auf telefonischen Anruf hin Besuche macht oder empfängt und gegen Bezahlung deren sexuelle Wünsche befriedigt', ist nach *Callgirl* gebildet.

796. It. *calamíta* (auf der vorletzten Silbe betont) bedeutet 'Magnet', *calamità* (auf der letzten Silbe betont) bedeutet 'Unheil/ Katastrophe'.

797. Sp. *el portafolios* heißt die 'Aktentasche/ der Aktenkoffer'; it. *il portafoglio* ist die 'Brieftasche'. *Die Aktentasche/ der Aktenkoffer* heißt auf Italienisch *la valigetta portadocumenti*; *die Brieftasche* heißt auf Spanisch *la cartera*.

798. *Der Bus ist mir vor der Nase weggefahren*: sp. *El autobus se marchó delante de* (vor) *mis narices*; 'unter der Nase': it. *L'autobus mi è partito sotto il naso*, frz. *Le bus a file sous mon nez*, russ. *автобус ушёл у меня из-под носа*, engl. *I missed the bus by seconds*.

799. Sp. *salsa* heißt 'Tunke/ Soße'. Im Portugiesischen bedeutet *salsa* 'Petersilie'; *Soße* heißt *molho*; *Petersilie* heißt auf Spanisch *perejil*.

800. In der mündlichen Abiturprüfung im Fach Französisch wurde ein Kandidat gefragt, welchen Sport man im Winter betreiben könne. Er sagte: *On peut chier* [ʃe] *dans les montagnes* (Man kann in die Berge scheißen). Anstelle von *chier* hätte er *skier* (Ski fahren) [skje] sagen müssen.

801. Die Redewendung *Einmal ist keinmal* lautet auf Spanisch: *Una no es ninguna*, auf Französisch: *Une fois n'est pas coutume* (Einmal ist keine Gewohnheit); auf Italienisch: *uno non fa numero* (Eins bildet keine Zahl); auf Englisch: *Just once doesn't count* (Nur einmal zählt nicht).

802. Lat. *urina* ist der 'Urin', *urinari* bedeutet nicht urinieren (das heißt *urinam reddere/ facere* oder *mingere*), sondern 'tauchen'; *urinator* ist der Taucher.

803. *Es schmeckt nach nichts* heißt: sp. *No sabe a nada*, it. *Non sa di niente*, port. *Não tem qualquer sabor*, frz. *Ça n'a au cun goût*, engl. *It's tasteless*.

804. In Deutschland schreit ein begeistertes Publikum *Zugabe, Zugabe*, in Italien, Frankreich, Spanien und Portugal *bis, bis!* (lat. zweimal); in England *encore, encore!* (frz. nochmals). In Frankreich auch *une autre, une autre!* (noch eins), so auch in Spanien *¡otra, otra!*, in Brasilien *mais uma, mais uma!* (noch eins). Eine Zugabe geben: it. *fare/ concedere il bis*, frz. *jouer un bis*, sp. *hacer un bis*, engl. *to do an encore*.

805.	It. *mutande* (Unterhosen) liegt die lateinische Gerundivform des Verbs *mutare* (wechseln) zugrunde. Bedeutung: 'die zu wechselnden' (zu ergänzen: kurzen Hosen).

806.	Der französische Ausdruck *prendre une cuite* bedeutet 'sich vollaufen lassen'; it. *prendersi una cotta (per qu)* bedeutet 'sich (in jdn.) verknallen'.

807.	*Löchrig wie ein Schweizer Käse* heißt auf Französisch: *troué comme un emmental*, auf Italienisch: *pieno di buchi come una forma di groviera.*

808.	Das Wort *Schlamassel* ist aus *schlimm* und jiddisch *masl* (Schicksal/ Glück) zusammengesetzt.

809.	Im Brasilianischen ist ein stumpfes Messer blind (*faca cega*).

810.	*Eschimo/ Eskimo* bedeutet im Italienischen 'Parka'. Der *Eskimo* heißt *eschimese.*

811.	Der umgangssprachliche Ausdruck *auf den letzten Drücker*, bei dem vermutlich der Türgriff des letzten Wagens eines abfahrenden Zuges gemeint ist, wird auf Italienisch durch *in zona Cesarini* wiedergegeben. Der Ausdruck bezeichnet eigentlich die letzten Minuten eines Fußballspiels. *Segnare in zona Cesarini* bedeutet *segnare un gol negli ultimi minuti di una partita* (ein Tor in den letzten Minuten eines Spiels schießen). Geprägt wurde dieser Ausdruck von dem Journalisten Eugenio Danese nach zwei berühmten Toren, die der für Juventus Turin spielende Renato Cesarini 1931 erzielt hat. Das erste im Spiel gegen die Schweiz in der 85. Minute, das 2-2 endete; das zweite gegen Ungarn in der 90. Minute, das Italien 3-2 gewann.

812. Sp. *alcachofa* ist nicht nur die Artischocke, sondern auch der Brausekopf. Auf Italienisch heißt er *cipolla* (Zwiebel), die Artischocke heißt *carciofo*.

813. *Ich habe Zucker/ Diabetes/ Ich bin Diabetiker* heißt: it. *Ho il diabete./ Sono diabetico/a,* sp. *Tengo diabetes./ Soy diabético/a,* port. *Tenho diabetes./Sou diabético/a,* frz. *J'ai le diabète./Je suis diabétique.*, engl. *I have diabetes./ I am a diabetic.*

Im Italienischen und im Französischen ist das Wort maskulin: *il diabete/ le diabète*; im Spanischen ist es feminin: *la diabetes*; im Portugiesischen kann es maskulin oder feminin sein: *o/ a diabetes*.

Bei der Verbindung *diabetes mellitus* ist das i zu betonen. Die Betonung auf dem *e* ist nicht korrekt.

Das griechische Wort διαβήτης bedeutet außerdem 'Zirkel'. Es leitet sich von dem Verb διαβαίνω ab, welches 'auseinandergehen' bedeutet. Damit ist das Auseinandergehen der Schenkel des Zirkels gemeint.

814. *Er hat eine (feste) Freundin* heißt: sp. *Tiene novia,* port. *Tem namorada,* it. *Ha la fidanzata/ ragazza,* frz. *Il a une petite amie/ une copine,* engl. *He has a girlfriend.*

815. Das spanische Wort *sueño* bedeutet sowohl 'Schlaf' als auch 'Traum'. Es kommt von lat. *somnu(m)* (Schlaf) und hat sich mit lat. *somniu(m)* (Traum) vermischt. Im Italienischen, Katalanischen und Portugiesischen sind die Wörter getrennt: *sonno/ son/ sono* (Schlaf) und *sogno/ somni/ sonho* (Traum). Frz. *sommeil* (Schlaf) liegt die lat. Diminutivform *somniculu(m)* (leichter Schlaf) zugrunde. Frz. *le rêve* (der Traum) bedeutet ursprünglich 'das Vagabundieren/ Herumschweifen'.

816. Das spanische Wort für *Dieb* (*ladrón*) bezeichnet auch den Zwischenstecker/ Adapter.

817. Frz. *confiance* und *confidence* kommen beide von lat. *confidentia* (Zuversicht/ festes Vertrauen). *Confiance* bedeutet 'Vertrauen', *confidence* 'vertrauliche Mitteilung'.

818. Griechische Katzen machen *νιάου* (niau).

819. *Pianista* (Pianist) nennt man einen italienischen Abgeordneten, der auch für abwesende Sitznachbarn wählt. Der Ausdruck *non sparare sul pianista* (nicht auf den Pianisten schießen) bedeutet: jemanden nicht in eine Sache hineinziehen, mit der er nichts zu tun hat.

820. Der italienische Frosch macht *gre!*, der französische *coa!*, der spanische *¡croac!*, der portugiesische *croc!*, der englische *croak!* (quaken: it. *gracidare*, frz. *coasser*, sp. *croar*, port. *coaxar*, x = sch, engl. *to croak*).

821. Der deutschen Endung *-isieren* entspricht im Italienischen meist die Endung *-izzare*, z.B.: realisieren *realizzare*, organisieren *organizzare*, sensibilisieren *sensibilizzare*. Aber: sich akklimatisieren *acclimatarsi*, kritisieren *criticare*, katalogisieren *catalogare*, inventarisieren *inventariare*, rivalisieren *rivaleggiare*, tyrannisieren *tiranneggiare*, mobilisieren *mobilitare*.

822. *Mumpsimus* ist ein von Philologen gebrauchtes geflügeltes Wort, welches eine unausrottbare falsche Lesart bezeichnet. Herkunft des Ausdrucks: Ein alter Priester las in seinem Brevier immer statt *quod ore sumpsimus* (was wir mit dem

Mund zu uns genommen haben) durch einen Druckfehler *quod ore mumpsimus*. Von einem Freund auf diesen Fehler hingewiesen, erwiderte er stur, er werde sein altes *mumpsimus* nicht gegen ein neues *sumpsimus* eintauschen. Im Englischen kann *mumpsimus* auch für eine Person stehen, die hartnäckig an Altem festhält, obwohl bewiesen ist, dass es falsch oder unvernünftig ist .

823.  Eine sehr magere Person (*Hering/ Strich in der Landschaft*) bezeichnet man im Italienischen als *chiodo* (Nagel) oder *grissino* (Knabberstange aus Weißbrotteig).

824.  *Im Wasserbad wärmen* heißt: sp. *calentar al baño Maria*, port. *aquecer em banho-maria*; it. *scaldare a bagnomaria*, frz. *réchauffer au bain marie*. Herkunft des Ausdrucks: Die Erfindung dieser Art, Speisen zu wärmen, wird Maria der Jüdin, der legendären Alchimistin, die ca. 300 Jahre v. Chr. in Alexandrien lebte, zugeschrieben,

825.  Der Begriff *Antonomasie* dient, mit Präposition, zur Übersetzung von *schlechthin*. Er ist der Pianist schlechthin. – it. *È il pianista per antonomasia/ per eccellenza*, sp. *Es el pianista por antonomasia/ por excelencia*, frz. *Il est le pianiste par excellence/ par antonomase*, port. *É o pianista por excelência/ por antonomásia*

826.  Die *Garderobe* eines Künstlers heißt auf Italienisch und Spanisch *camerino*, auf Portugiesisch *camarim*, auf Französisch *loge* (f.), auf Englisch *dressing-room*.

827.  Eine Silbe mehr als im Deutschen haben im Französischen und Italienischen z.B.: die Kamille *la camomille/ la camomilla*, karikieren frz. *caricaturer/ caricaturare* (meist: *fare la*

*caricatura di qu*), der Exporteur *l'exportateur/ l'esportatore*, der Importeur *l'importateur/ l'importatore*, die Libelle (Insekt) *la libellule/ la libellula*, die Pille *la pilule/ la pillola*.

828. It. *stipendio* (lat. *stipendiu(m)* Sold/ Löhnung der Soldaten) bedeutet Gehalt/ Lohn. *Ein Stipendium bekommen* heißt: it. *vincere una borsa di studio*, frz. *obtenir une bourse*, port. *obter uma bolsa*, sp. *recibir una beca* (unsichere Herkunft), engl. *to win a scholarship*,

829. Im Vergleich zum Deutschen fehlt im Italienischen bei folgenden Wörtern die erste Silbe: *il Vangelo* das Evangelium, *la convalescenza* die Rekonvaleszenz, die Etappe *la tappa*, *la fanteria* die Infanterie, *la scorta* die Eskorte, *Puglia* Apulien.

830. Vorsicht beim Übersetzen folgender Substantive auf *-ant/ -ent* ins Italienische und Französische: der Informant *l'informatore/ l'informateur*, der Spekulant *lo speculatore/ le spéculateur*, der Simulant *il simulatore/ le simulateur,* der Immigrant *l'immigré/* it. *l'immigrante* (= Zuwanderer)*/ l'immigrato* (= der Zugezogene), der Denunziant *il delatore/ le dénonciateur*, der Praktikant *il praticante/ il tirocinante/ lo stagista/ le stagiaire;* der Interessent *l'interessato/ la personne intéressée*, der Abonnent *l'abbonato/ l'abonné,* der Dirigent *il direttore d'orchestra/ le chef d'orchestre*, der Konsument *il consumatore/ le consommateur*, der Produzent *il produttore/ le producteur*,  der Opponent *l'oppositore/ l'opposant.*

831. Unterschiedliches Genus im Vergleich zum Deutschen weisen im Italienischen folgende Blumennamen auf: der Enzian *la genziana*, die Geranie *il geranio*, die Gladiole *il gladiolo*, die Chrysantheme *il crisantemo*, die Lilie *il giglio*, die Hyazinthe *il giacinto*, die Narzisse *il narciso*, die Tulpe *il tulipano*,

832. *Eine Kopie machen* heißt auf Brasilianisch *fazer um xerox* [scherox].

833. It. *insultare*, sp. *insultar*, frz. *insulter*, engl. *to insult* (beleidigen) kommen von lat. *saltare* (springen) und dem Präfix *in*. Die ursprüngliche Bedeutung ist: 'gegen jdn. springen/ jdn. anspringen'.

834. Die Übersetzung von *Hitzewallungen haben* lautet: it. *avere le caldane/ avere vampate di calore*, port. *ter fogachos/ ondas de calor*, sp. *tener sofocos*, frz. *avoir des bouffées de chaleur*, engl. *to have hot flushes*.

835. Die Frage: *Bist du ins Klo gefallen?* lautet auf Französisch: *Tu es tombé/e dans la lunette?* (= Klobrille).

836. Dem deutschen *Otto Normalverbraucher* entspricht der französische *homme de la* rue, der englische *man in/ on the street*, der spanische *Juan Español*, der italienische *signor Rossi*, der portugiesische *zé povinho*.

837. *El gordo* (der Dicke) heißt der Hauptgewinn in einer spanischen Lotterie.

838. EP *ténis/* BP *tênis* bedeutet nicht nur 'Tennis', sondern (im Plural) bezeichnen sie in Portugal auch 'Tennisschuhe', in Brasilien 'leichte Turnschuhe'.

839. Substantivisch gebraucht bedeutet die spanische Futurform *pagaré* (ich werde zahlen) 'Schuldschein'. Im Englischen gibt es den umgangssprachlichen Ausdruck *IOY* (= *I owe you* Ich schulde Ihnen). Der formelle Ausdruck ist *promissory note*.

840. Das dt. Suffix -*bar* und das lat. Suffix -*ber*/ -*fer* haben die Bedeutung 'tragend/ bringend': fruchtbar (Frucht bringend), *saluber* (Heil bringend), *pestifer* (Unheil bringend).

841. Die italienische Redewendung *cad<u>e</u>re come il cacio sui maccheroni* (wie der Käse auf die Makkaroni fallen) bedeutet: 'gerade im richtigen Augenblick kommen'.

842. Der frz. Satz *Il s'est montré bien cavalier avec vous* bedeutet nicht 'Er hat sich wie ein Kavalier gegenüber Ihnen gezeigt', sondern 'Er hat sich gegenüber Ihnen sehr ungezogen/ ungehörig gezeigt.

843. Engl./ frz. *coccyx*, sp. *coxis*, it *cocc<u>i</u>ge* (Steißbein) kommen über das Lateinische von gr. *κόκκυξ* (Gen. *κόκκυγος*, Kuckuck), weil der Knochen dem Schnabel eines Kuckucks ähnelt.

844. *Mit Zuckerbrot und Peitsche heißt* (mit vertauschter Wortstellung) auf Italienisch: *col bastone e la carota,* auf Spanisch: *utilizando el método/ la táctica/ política del palo y la zanahoria,* auf Portugiesisch: *usando a política do pau e da cenoura* (mit dem Stock und der Karotte); (mit gleicher Worstellung) auf Französisch *en maniant la carotte et le bâton* und auf Englisch *with a carrot and a stick.*

845. Der Ausdruck *Hinterher ist man immer klüger* wird auf Italienisch durch *Del senno di poi son piene le fosse* (Von dem Verstand hinterher sind die Gräben/ Gräber voll) wiedergegeben.

846. Das italienische Wort für Striptease ist *spogliarello* (*spogliarsi* sich ausziehen). *Spogliarellista* heißt Stripteasetänzer/in.

847. Im Deutschen ärgert man sich schwarz, im Französischen rot: *se fâcher tout rouge.*

848. *Wie eine bleierne Ente schwimmen* lautet: it. *Nuotare come una gatta/ un gatto di piombo* (wie eine bleierne Katze schwimmen), sp. *nadar como un pez de plomo* (wie ein bleierner Fisch), port. *nadar como um prego* (wie ein Nagel), frz. *nager comme un fer à repasser* (wie ein Bügeleisen), engl. *to swim like a brick* (wie ein Backstein).

849. *Recht haben* heißt auf Französisch *avoir raison* (lat. *ratione(m),* auf Italienisch *avere ragione,* auf Spanisch *tener razón,* auf Portugiesisch *ter razão. Unrecht haben* heißt auf Französisch *avoir tort* (lat. *tortum,* Part. Perf. Pass. von *torquere,* das Verdrehte), auf Italienisch *avere torto.* Im Spanischen und Portugiesischen gibt es für diesen Ausdruck kein eigenes Wort; man sagt *no tener razón/ não ter razão.*

850. *Il mord le guidon* (Er beißt in den Lenker) sagt man auf Französisch von einem Radrennfahrer, der über dem Lenker hängt.

851. *Bica* nennt man den Espresso in Lissabon. In Brasilien heißt er *cafezinho.*

852. *Kikeriki* machen die deutschen Hähne; die brasilianischen, die spanischen und die italienischen machen *(quiquiriqui, quiquiriquí, chicchirichi);* der französische Hahn macht *cocorico,* der portugiesische *cocorocó,* der englische *cock-a-doodle-doo.*

853. Der spanische Ausdruck *llegar sin novedad* (wörtl.: ohne Neuigkeit ankommen) bedeutet 'wohlbehalten ankommen'.

854. *Stumm wie ein Fisch* heißt auf Italienisch: *muto/a come un pesce.* Die Franzosen sind präziser: *muet/ muette comme*

*une carpe* (wie ein Karpfen), sp. *callado/a como un muerto* (wie ein Toter), port. *mudo/a como um penedo* (wie ein Felsen).

855. *Dänemark* heißt: it. *Danimarca*, sp./ kat./ port. *Dinamarca*, engl. *Denmark*.

856. Der Satz: *Er betrügt seine Frau* lautet auf Englisch: *He is cheating on his wife*, auf Französisch: *Il trompe sa femme*, auf Spanisch: *Está engañando a su mujer*, im EP *Está a enganar a sua mulher*, im BP *Está traindo sua mulher*, auf Italienisch: *Tradisce la moglie*.

857. Der Ausdruck *wie Espenlaub zittern* wird folgendermaßen wiedergegeben: it. *tremare come una foglia*, frz. *trembler comme une feuille*, kat. *tremolar com una fulla*, sp. *temblar como una hoja* (wie ein Blatt; von lat. *folia*, Pl. von *folium*)/ *un azogado* (wie ein Unruhiger/ Zappeliger), port. *tremer como varas verdes* (grüne Gerten/ Ruten), rum. *a tremura ca frunză* (von lat. *frons, frondis f.* Laub), engl. *to tremble like an aspen leaf.*

858. In der Medizin gibt es folgende lateinische Ausdrücke für Haare: Haupthaare *capilli*, Körperhaare *pili*, Haare des äußeren Gehörgangs *tragi* (gr. τράγος Ziegenbock), Nasenhaare *vibrissae*, Achselhaare *hirci* (hircus Ziegenbock), Schamhaare *pubes.*

859. *Ordinateur*, das französische Wort für Computer (lat. *computare* zusammenrechnen/ ausrechnen, *computator* Rechner), geht auf den französischen Latinisten Jacques Perret zurück, der 1955 in seiner Antwort auf eine Anfrage der Leitung von IBM France, wie man das Gerät am besten nennen könne, *ordinateur* vorschlug. Das Wort *calculateur* (Rechner) schien der Leitung hinsichtlich der Verwendungsmöglichkeiten der Maschine nicht aussagekräftig genug.

860. Der Ausdruck *wie Gott in Frankreich leben* wird im Italienischen durch *v̲i̲vere come un papa/da papa/fare una vita da papa* (wie ein Papst leben) wiedergegeben.

861. Einige Ausdrücke aus der französischen Fußballsprache: *jouer arrêté* (stehend spielen) bedeutet mit gezogener Handbremse spielen; *faire le jambon* (den Schinken machen) oder *être pris en sandwich* (als Sandwich genommen werden) in die Zange genommen werden; *aérer le jeu* (das Spiel lüften) das Spiel auseinanderziehen; *talonnade* Absatzkick (*le talon* die Ferse); *faire un tenu* (ein gehalten machen) am Trikot ziehen; *mettre un petit pont à un joueur* (einen Spieler tunneln). Von einem *grand pont* spricht man, wenn ein Spieler den Ball an dem Gegner auf der einen Seite vorbeispielt und ihn auf der anderen Seite überläuft.

862. Die *Dreigroschenoper* heißt: it. *L'opera da tre soldi*, port. *A Ópera dos Três Vinténs*, sp. *La ópera de los tres centavos/ La ópera de tres peniques*, e. *The Threepenny Opera*, frz. *L'opéra de quat'sous* (*quat'* = *quatre* vier!).

863. Das portugiesische Wort für *Fehler/Irrtum* hat im Vergleich zu den anderen romanischen Sprachen die wenigsten Buchstaben: *erro*; sp./kat. *error*, frz. *erreur*, it. *errore,* rum. *eroare.*

864. Der Rinderwahn heißt: frz. *la maladie de la vache folle*, it. *la malattia della mucca pazza*, engl. *mad cow disease* (Singular), sp. *el mal/ la enfermedad/ el síndrome de las vacas locas*, port. *a doença das vacas loucas* (Plural) ,

865. Der Ausdruck *eine Kette bilden* (z.B. um Backsteine auszuladen) wird im Italienischen durch *fare (il) passamano (per scaricare mattoni)* wiedergegeben.

866. Auf die im Vergleich zum Deutschen abweichende Betonung folgender italienischer Wörter ist zu achten: *l'accademia* die Akademie, *l'anice* (m.) der Anis, *l'apostrofo* der Apostroph, *il burocrate* der Bürokrat, *la catastrofe* die Katastrophe, *la cerimonia* die Zeremonie (auch: Zeremonie), *il complice* der Komplize, *la diocesi* die Diözese, *il fenomeno* das Phänomen, *l'industria* die Industrie, *l'interprete* der Dolmetscher/ Interpret, *la metamorfosi* die Metamorphose, *l'oroscopo* das Horoskop, *il periodo* die Periode,*il prototipo* der Prototyp, *il sandalo* die Sandale, *lo scheletro* das Skelett, *la sindrome* das Syndrom, *il sintomo* das Symptom, *il termostato* der Thermostat.

867. *Einen Bauchklatscher machen* heißt auf Italienisch *dare una spanciata,* auf Französisch *faire un plat-ventre*, auf Englisch *to do a belly flop/ bellyflop.*

868. *Andrea* und *Simone* sind italienische Männernamen. Die weiblichen Entsprechungen lauten *Andreina* und *Simona/ Simonetta.*

869. Zur Steigerung einer Aussage wird zuweilen ein Infinitiv mit konsekutiver Bedeutung gebraucht. Französische Ausdrücke: *un nom à coucher dehors* (ein unaussprechlicher Name/ein Name, den man sich nicht merken kann); *des applaudissements à n'en plus finir* (nicht enden wollender/ lang anhaltender Beifall); *Il fait un temps à ne pas mettre un chien dehors* (Bei dem Wetter jagt man keinen Hund hinaus); *Il gèle à pierre fendre* (Es friert Stein und Bein); *Il fait un brouillard à couper au couteau* (Das ist eine richtige Waschküche); *Il fait un vent à décorner les bœufs* (Es stürmt fürchterlich); Italienische Ausdrücke: *cose da far rizzare i capelli* (haarsträubende Dinge), *risate a non finire* (Gelächter ohne Ende), *un vento da scornare i buoi* (ein

fürchterlicher Wind (vgl. frz.) Spanischer Ausdruck: sp. *un cuento de nunca acabar* (eine endlose Geschichte).

870. Vorsicht ist bei der Übersetzung von deutschen Substantiven auf *-ist* ins Französische geboten: der Chronist *le croniqueur*, der Anästhesist *l'anesthésiologiste*, der Anglist *l'angliciste*, der Atheist *l'athée*, der Bigamist *le bigame*, der Chauvinist *le chauvin*, der Komponist *le compositeur*, der Sadist *le sadique*, der Gräzist *l'helléniste*, der Prokurist *le fondé de pouvoir.*

871. *Angetrunkener Mut* wird im Englischen durch *Dutch courage* (holländischer Mut), im Französischen durch *courage arrosé* (begossener Mut), im Italienischen durch *coraggio alcolico* (alkoholischer Mut) wiedergegeben.

872. Im Italienischen sucht man das Haar im Ei (*cercare il pelo nell'uovo*), im Französischen sucht man das Tierchen (die Laus, *chercher la petite bête*), wenn man das Haar in der Suppe sucht.

873. Der Satz *Es war Liebe auf den ersten Blick* lautet: engl. *It was love at first sight,* sp. *Fue amor a primera vista,* port. *Foi amor a primeira vista.* Im Französischen, Italienischen und Griechischen schlägt der Blitz ein: *Ce fut le coup de foudre/ È stato un colpo di fulmine* (neben *È stato amore a prima vista)/ Ήταν κεραυνοβόλος* [kcravnovolos] (blitzschnell) *έρωτας* [erotas] (Liebe) .

874. Im Französischen sagt man *avoir un cœur d'artichaut* (ein Artischockenherz haben) von jemandem, der sein Herz leicht verschenkt/ der sich leicht verliebt. Auf Italienisch sagt

man *essere un farfallone/una farfallona* (ein großer Schmetterling sein).

875. In dem französischen Ausdruck *ne pas être dans son assiette* (nicht auf dem Damm sein) hat *assiette* nicht die Bedeutung 'Teller', sondern 'Stimmung/ Laune/ Verfassung'. Auch im Russischen gibt es diese Formulierung (*быть не в своей тарелке* (missgestimmt/ in schlechter Stimmung sein), wobei das Wort (*тарелка*) nur die Bedeutung 'Teller' hat. Es handelt sich dabei um eine Übernahme aus dem Französischen.

876. Für die Wiedergabe von *auf seinen eigenen Vorteil bedacht sein* gibt es folgende bildhafte Ausdrücke: sp. *arrimar el ascua a su sardina/* port. *puxar a brasa à sardinha* (die Glut zu seiner/ der Sardine schieben). Herkunft des Ausdrucks: Um ihre Sardinen zu braten, benutzten Arbeiter, die in großer Zahl in kleinen Häusern wohnten, die Glut der Lampen, die als Beleuchtung des Hauses dienten. Die Folge war, dass die Lichtquellen im Haus ausfielen, was verständlicherweise zu Streit führen konnte. Auf Italienisch sagt man *tirare l'acqua al proprio mulino* (das Wasser zur eigenen Mühle ziehen). Früher versuchte jeder Müller sich möglichst viel Wasser für den Betrieb seiner Mühle zu sichern, auch zum Schaden seiner Kollegen, denen er sozusagen *das Wasser abgrub*. Im Französischen drückt man den Sachverhalt so aus: *tirer la couverture à soi* (die Decke zu sich ziehen).

**Erinnern Sie sich? Wenn nicht, hinter der Zahl in Klammern finden Sie die Lösung.**

1. Welche Wendung aus dem kirchlichen Bereich drückt im Italienischen aus, dass sich jeder irren kann? (101)

2. Welches Tier setzt man in Frankreich jemandem hin, den man „versetzt"? (129)

3. In welcher Sprache wird für „stehlen" ein aus der Falknerei stammendes Wort gebraucht? (64)

4. Welche romanischen Sprachen haben für „Hund" kein vom lat. *cane(m)* abgeleitetes Wort? (555)

5. In welcher romanischen Sprache bedeutet der Ausdruck „Die Engländer sind gelandet" „seine Regel haben"? (45)

6. Die Deutschen haben einen Frosch im Hals, und die Franzosen? (17)

7. Auf welche alttestamentarische Person nehmen das Italienische und das Portugiesische Bezug, um auszudrücken, dass jemand „arm wie eine Kirchenmaus" ist? (104)

8. Wie nennt man im Französischen, Italienischen und Spanischen ein „hohes Tier"? (149)

9. Kann jemand eine Sprache nur elendig radebrechen, so sagt man auf Französisch „Er spricht wie eine spanische Kuh".

Auch im Portugiesischen gibt es diesen Ausdruck. Woher stammt er? (292)

10. Von welchem Tier zu welchem Tier springt der Franzose, wenn er „vom Hundertsten ins Tausendste" kommt? (10)

11. Was bedeutet „Kuh" auf eine Person bezogen im Italienischen, was im Spanischen? (245)

12. Im Deutschen „schlägt man zwei Fliegen mit einer Klappe". Was tut man in den großen romanischen Sprachen? (96)

13. Welches Tier wird in einer französischen Wendung genannt, die bedeutet, dass es sehr stark regnet? (137)

14. Was tut eine Französin in der *salle de travail*? (517)

15. Jemand, der viel liest, wird im Deutschen „Bücherwurm" genannt. Welches Tier erscheint in den anderen romanischen Sprachen? (67)

16. Was heißt „Krokodil" auf Italienisch und Spanisch? (194)

17. Aus dem Oberschenkel welcher römischen Gottheit glaubt ein Franzose gekommen zu sein, der sich für etwas Besseres hält? (36)

18. Mit wie vielen Schlüsseln verschließt man im Portugiesischen etwas, das man doppelt und dreifach verschließt ? (100)

19. Wo tut es einem Franzosen weh, wenn er einen „Kater" hat? (521)

20. Welche Sprache vergleicht „Popcorn" mit kleinen Tauben? (358)

21. Welche Tiere verwendet das Spanische, um auszudrücken, dass man jemandem ein X für ein U vormacht? (438)

22. Woher kommt frz. *lavabo*? (677)

23. Welche Tiere und wie viele waren in Italien anwesend, wenn nur „ein paar Hansel" da waren? (207)

24. Jemand, der nicht schwimmen kann, schwimmt wie eine bleierne „Ente". Wie schwimmt er in Frankreich? (848)

25. Im Deutschen sagt man „Eine Krähe hackt der anderen kein Auge aus". Welches Tier schadet im Italienischen seinem Artgenossen nicht? (48)

26. Woher kommt das englische Verb *to travel*? (562)

27. Welches Tier bezeichnet *topo* im Italienischen, welches im Spanischen? 402)

28. Wodurch unterschiedet sich der Ausdruck „weder Fisch noch Fleisch" von seinen romanischen Entsprechungen? (387)

29. Wie wird der „Käfer" (Auto) im Italienischen genannt? (214)

30. Wie viele Füße hat ein spanischer Tausendfüßler? Wie viele hat sein französischer Kollege? (98)

31. Wie weint in Italien jemand, der wie ein Schlosshund heult? (47)

32. Welche Sprache benutzt einen Ausdruck, der das Wort *penalty* enthält, um eine „Mussheirat" zu bezeichnen? (70)

33. Was für eine Haut hat jemand in Frankreich, der in Deutschland eine Gänsehaut hat? (259)

34. Aus welchem Metall ist im Italienischen ein hervorragendes Gedächtnis? (409)

35. Wozu fordert man jemanden in Italien auf, zu dem man sagt, er soll vom Birnbaum steigen. (691)

36. Mit welchen Worten wünscht man im Italienischen jemandem, der vor einer Prüfung steht, Glück? (108)

37. Welche Art von Geschwür ist von dem lateinischen Wort für „Dieb" abgeleitet? (212)

38. Zu welchen Tieren kommt ein Franzose zurück, der zum Thema zurückkehrt? (167)

39. Wie lautet die wörtliche Übersetzung von frz. *aujourd'hui*? (28)

40. In welcher Sprache bezeichnet man umgangssprachlich den Babysitter als Känguru(h)? (10)

41. In welcher romanischen Sprache benutzt man für „Butterfly" (Schwimmstil) eine andere Bezeichnung als für das Insekt? (530)

42. In welcher Sprache bezeichnet man mit dem Namen einer römischen Göttin die flachen Sicherheitsstreichhölzer/ Zündholzbriefchen? Wofür gibt sie noch ihren Namen her? (54)

43. Wie sagt man in den großen romanischen Sprachen „päpstlicher als der Papst sein"? (543)

44. Wer wird in Italien geboren, wenn während eines Gesprächs plötzlich Stille eintritt? (134)

45. Wie erscheint einem Spanier Fleisch, das nicht ganz einwandfrei ist? (105)

46. Welche Farbe hat im Italienischen der „Traummann/ Märchenprinz"? (26)

47. Wie wird die „Achterbahn" in den romanischen Sprachen bezeichnet? (294)

48. Welche Götter sind in einem italienischen Sprichwort des Mannes Untergang? (381)

49. Welche romanische Sprache benutzt für „Kirche" kein von lat. *ecclesia* abgeleitetes Wort? (268)

50. In welcher romanischen Sprache ist ein Ministrant ein Mönchlein, in welcher ein Chorkind und in welcher ein kleiner Kleriker? (7)

51. Im Deutschen sagt man „Er hat eine Engelsgeduld", im Italienischen?" (306)

52. In welcher Sprache wird der Ausdruck „rennen wie ein Verrückter" mit „rennen wie einer, dem man die Milz herausgenommen hat" wiedergegeben? (309)

53. Welche Wendung benutzt man im Italienischen um auszudrücken, dass jeder ersetzbar ist? (53)

54. Was bedeutet der spanische Ausdruck *Está con los angelitos*? (234)

55. Wann passiert im Italienischen das, was im Deutschen „alle Jubeljahre" passiert? (632)

56. Für welchen Kirchenmann arbeitet ein Spanier, wenn er ohne Entgelt arbeitet? (1)

57. Was passiert im Spanischen jemandem, der in einer Rede steckenbleibt? (171)

58. „Nicht schlecht, Herr Specht". Was sagt der Franzose? (43)

59. In welcher Farbe lacht in Frankreich jemand, der gezwungen lacht? Und in Italien? (24)

60. Welche Sprache benutzt in den Sätzen „Ich esse gerne Fisch", „Seezunge ist ein Fisch" und „Ich bin (ein) Fisch" drei verschiedene Bezeichnungen für „Fisch"? (40)

61. In welcher Situation befindet man sich in Italien, wenn man „am Grün" ist? (72)

62. Welche Farbe hat im Französischen jemand, der „blau" ist? (603)

63. Welche Zahl bezeichnet im Italienischen „Krach/ Lärm"? (566)

64. Woher kommt der Ausdruck *passer une nuit blanche*? (611)

65. In welcher Farbe ärgert sich jemand in Frankreich, der sich in Deutschland schwarz ärgert? (847)

66. Was meinte der italienische Polizist, als er zwei Frauen bei Rot über die Straße laufen sah und sagte: *Eccole, le salvatrici del Campidoglio*? (279)

67. In welcher Sprache lautet die Bezeichnung für „Freitag" wörtlich übersetzt „reines Essen"? (299)

68. Welche Farbe hat im Französischen die Gaunersprache? (373)

69. Was macht ein Franzose, der „auf den Pilz drückt"? (307)

70. Welcher Tag fehlt einem Italiener, der nicht richtig „tickt"? (58)

71. In welcher Sprache wird der Kriminalroman mit einer Farbe bezeichnet? (14)

72. Wer ist im Spanischen an der Küste, wenn Gefahr im Verzug ist? (332)

73. In welcher romanischen Sprache wird der Ausdruck „den Portugiesen machen" gebraucht, um jemandem zu bezeichnen, der, ohne zu bezahlen, eine Theater- oder Kinovorstellung besucht oder ein öffentliches Verkehrsmittel benutzt? (9)

74. Wie sagt man in den großen romanischen Sprachen „sich auf französisch empfehlen"? (572)

75. Was bedeutet in der portugiesischen Fußballsprache „ein Hähnchen geben"? (144)

76. Was macht ein Spanier, wenn er den „Schweden" macht? (651)

77. Wo zahlt man „auf römische Art", wenn jeder seine eigene Zeche bezahlt? (55)

78. In welcher romanischen Sprache wird „den Zug verpassen" nicht mit „den Zug verlieren" ausgedrückt? (375)

79. Mit was für Füßen geht man im Italienischen, wenn man vorsichtig vorgeht? (428)

80. Im Deutschen schiebt man jemandem den schwarzen Peter zu? Was tut man im Italienischen? (106)

81. Mit welchem Frauennamen und folgendem Imperativ bezeichnet man im Französischen ein „Flittchen"? (193)

82. Von wo nach wo springt man im Italienischen, wenn man „vom Hundertsten ins Tausendste" kommt? (140)

83. Mit wem lacht man Französischen, wenn man alleine, ohne einen offensichtlichen Grund lacht? (121)

84. Welche Farbe haben im Spanischen „schmutzige Witze"? (531)

85. Bei der wievielten Frage ist man im Spanischen, wenn man in großer Geldverlegenheit ist? (622)

86. Welchen mathematischen Begriff enthält ein französischer Ausdruck, mit dem man jemandem Erfolg wünscht? (271)

87. Welche Bedeutungen hat *papillon* neben der Bezeichnung für das Insekt? (136)

88. In welche Zahl schneidet ein Franzose, der Haarspalterei treibt, die Haare? (624)

89. Welche römische Gottheit kommt im Italienischen in dem Ausdruck „einen Silberblick haben" vor? (320)

90. In welchen romanischen Sprachen beginnt das Wort für „Frosch" nicht mit einem „r"? (445)

91. Woher kommt das Wort *virgule*? (762)

92. In welchem italienischen Ausdruck, der „sich den Kopf zerbrechen" bedeutet, spielt der Destillierkolben eine Rolle? (516)

93. Was tun Spanier, wenn sie „hinter der Kirche heiraten"? (277)

94. Wie lautet das italienische Sprichwort, das einen ermahnt, sich sich nicht in Eheangelegenheiten einzumischen? (454)

95. Wie nennt man im Spanischen die „Rettungsringe" (Fettpolster)? (83)

96. Der deutsche Klempner setzt ein „Knie" ein? Was setzt sein italienischer Kollege ein? (96)

97. Worunter leidet ein Portugiese, der „Ellbogenschmerz" hat? (574)

98. Was hebt in den romanischen Sprachen jemand, der gern einen hebt? (41)

99. Welche bildliche Redewendung gibt es im Italienischen um auszudrücken, dass man sich nicht übernehmen soll? (153)

100. Was bezeichnet man im Französischen als „den kleinen Juden"? (91)

101. Was verderben in Italien zu viele Köche? (31)

102. Von welchem alten Beruf ist ein Verb abgeleitet, das im Französischen „eine feuchte Aussprache haben" bedeutet? (179)

103. Was verlangt man in Frankreich, wenn man „Champignons" kaufen will? (109)

104. Wie sagt man auf Italienisch „Auch das Auge isst mit"? (168)

105. Im Deutschen hat man von etwas „die Nase voll". Und im Italienischen? (226)

106. Wohin fällt im Französischen umgangssprachlich jemand, der ohnmächtig wird? (50)

107. Dem Deutschen liegt ein Wort auf der Zunge. Und dem Portugiesen? (333)

128. Was hat man im Italienischen und Spanischen nicht auf der Zunge, wenn man „kein Blatt vor den Mund nimmt"? (395)

129. Ein deutsches Mädchen gibt einem Jungen einen „Korb". Was gibt ihm ein spanisches Mädchen? (92)

130. Woher stammt das englische Wort für „Trinkgeld"? (551)

131. In welcher Sprache besteht das Wort für „Pfirsich" aus zwei Früchten? (184)

132. Wohin wirft ein italienischer Mönch seine Kutte, wenn er dem Klosterleben „Adé" sagt? (213)

133. Was will ein Franzose ausdrücken, wenn er sagt, „man soll die Oma nicht in die Brennnesseln stoßen"? (209)

134. Auf welches lateinische Verb geht *to pay* zurück? (544)

135. Was zerbricht ein Franzose, der den Löffel abgibt? (494)

136. Was haben „Tulpe" und „Turban" miteinander zu tun? (641)

137. In welcher romanischen Sprache wird „saufen wie ein Loch" durch „trinken wie ein Pole" ausgedrückt? (224)

138. In welcher Sprache erzielt man ein Flugkopfballtor im „Engelsflug"? (18)

139. Welche Sprache benutzt für „(eine Tür) abschließen" keinen zusammengesetzten Ausdruck? (526)

140. Woher hat der französische „Mülleimer" seinen Namen? (2)

141. Welche Sprache hat für „Gattinnen" und „Handschellen" dasselbe Wort? (4)

142. Mit welchen Imperativformen werden im Italienischen „Wegwerfartikel" und „Rubbellos" ausgedrückt? (33)

143. Wie sagt man auf Französisch „Bohnen in den Ohren haben"? (413)

144. In welchen Sprachen wird die Blume „Vergissmeinnicht" auch durch einen Imperativ ausgedrückt? (573)

145. In welcher romanischen Sprache weist das Wort für „Artischocke" keinen agglutinierten Artikel auf? (812)

146. In welchen Sprachen ist das Wort für „Fliese" von einer Farbbezeichnung abgeleitet? (349)

147. Welche Redewendung hat das Italienische, um auszudrücken, dass man nicht zwei Dinge haben kann, die sich gegenseitig ausschließen? (46)

148. Was tut ein Franzose, der morgens „den Wurm tötet"? (512)

149. Woher kommt das in den romanischen Sprachen verwendete Wort für „Leber"? (20)

150. Inwiefern unterscheidet sich der englische Ausdruck für „Knutschfleck" von seinen romanischen Entsprechungen? (671)

151. Was schmiert man einem Franzosen, wenn man ihn „schmiert"? (361)

152. In welcher romanischen Sprache macht man einen Unterschied, ob ein Mann oder eine Frau „ledig" ist? (441)

153. Was bedeutet it. *imbarazzata*, was sp. *embarazada*? (160)

154. Welche Sprachen haben für „wissen" kein von *sapere* abgeleitetes Wort? (712)

155. Was sind *preservatives*? (15)

156. Was drückt man im Spanischen mit „Kurve des Glücks" aus? (110)

157. Wieso bedeutet span. *llegar* „ankommen" und rum. *a pleca* „abfahren", obwohl beide von dem lat. Verb *plicare* kommen? (508)

158. Was heißt „Taschentuch" in den romanischen Sprachen? (714)

159. Aus welchem Möbelstück kommt man heraus, wenn man sich outet? (126)

160. Was versteht man unter einem *téléphone arabe*? (218)

161. Welche romanische Sprache hat lat. *domus* als Normalwort fur Haus erhalten? (237)

162. Welcher Unterschied besteht zwischen port. *licenciar-se* und it. *licenziarsi*? (247)

163. Warum schickt ein Franzose jemandem den Aufzug zurück? (289)

164. Was ist mit einem Italiener, der nicht den *galateo* kennt? (16)

165. Wie heißt die italienische Entsprechung zu dt. Dietrich (Nachschlüssel)? (417)

166. Was ist mit einem Katalanen, wenn ihm die Ratte durch den Bauch läuft? (553)

167. Mit welchem Wort bedankt sich eine Portugiesin? (571)

168. Wie sagt man im Spanischen und im Italienischen „Eile mit Weile"? (703)

169. Welchen, ursprünglich ein Spiel bezeichnenden Ausdruck benutzt man im Italienischen, um auszudrücken, dass man sich gegenseitig etwas in die Schuhe schiebt? (552)

170. Woher kommt der Ausdruck *aimer la bonne chère*? (466)

171. Welche Sprache hat für „gestern" ein Wort, das nicht lat. *heri* fortsetzt? (297)

172. Auf welches lateinische Wort geht frz. *rien* zurück? (523)

173. Was macht ein Brasilianer, der über den Zaun springt? (37)

174. Woher kommt der italienische Ausdruck für „funkelnagel-neu"? (550)

175. Wie heißt die „Orange" in den anderen romanischen Spra-chen? (426)

176. Woher kommt die französische Negationspartikel *pas*? (768)

177. Woher hat der „Doge" seinen Namen? (478)

178. Wie macht der italienische Frosch? (820)

FSC
www.fsc.org
MIX
Papier | Fördert
gute Waldnutzung
FSC® C083411

Zeitfracht Medien GmbH
Ferdinand-Jühlke-Straße 7
99095 Erfurt, Deutschland
produktsicherheit@kolibri360.de